# 時代劇入門

春日太一



角川新書

目次

# 第一部　時代劇への接し方

## 第二部　時代劇の歩み

## 第三部　とりあえず知っておきたい基礎知識

## 第四部　もう少しだけ掘り下げておきたい重要テーマ

図版作成／小林美和子
本書に掲載したＤＶＤなどの情報は
二〇二〇年二月現在のものです。

# 第一部　時代劇への接し方

# 第一章　ガイダンス～気軽に楽しむための「なんとなく」と「とりあえず」

## 「なんとなく」読んでください

ここではガイダンスとして、時代劇に「入門する」上で「どう接すればいいか」について語ります。けっこう長い話になります。具体的な作品の話はほとんど出てきません。

なぜ、まず時間をかけてそういう話をするかというと、それだけ時代劇は先入観を強く持たれていて、「食わず嫌い」の人が多いのではないかと思うからです。そこをまず取り払ってからでないと、いくら具体的な話をしても時代劇への苦手意識を増幅させてしまうだけだと考えました。

ですので、少し長くなりますが、お付き合いください。時代劇にそれなりに親しんできた方は、このパートは飛ばしていただいても構いません。

まずは「入門」の心構えから述べていきます。

といっても、大げさなことは何もありません。

一、なんとなく観る
二、とりあえず知る

この二つだけです。

この本は、「時代劇ってとっつきにくい」「つまらなそう」「難しそう」と思っている人、それから「時代劇を観てみたいけど、どこから入ればいいのか分からない」という人に向けて書いた本です。どうすれば時代劇を気軽に楽しめるか。そのための向き合い方やその上で知っておいた方がいい最低限の知識などを、分かりやすく語っていきたいと思っています。

今はとにかく、時代劇に気軽に接する機会がないんですよね。二十年くらい前までは地上波テレビのゴールデンタイムに毎日のように放送されていましたし、戦前や一九五〇年代は新作映画が毎週のように公開されていました。それで子供の頃からなんとなく日常の中で気軽に接することができ、そのうちに楽しみ方をなんとなく身体で覚えていったわけです。

これはどの娯楽にも言えることかもしれませんが、この「なんとなく」「気軽に」というのが実は入口として大事なんですよね。「さあ、勉強するぞ！」と肩肘《かたひじ》を張っていたら窮屈なだけで、とても楽しめやしません。日常で気軽に接する機会を失うと、その「なんとなく」ができなくなってしまうんですよね。それで、どうしても心の距離が遠くなってしまう。

ですから、この本も「よし勉強するぞ！」ではなく、「なんとなく」で読んでください。「なんとなく」読んだ結果として「あ、時代劇ってなんとなく楽しそうだ。観てみようかな」と思ってもらえたら、気になるパートから改めて読み直し、そこをスタート地点にする――という感じで臨んで。

## 「とりあえず」を書きました

次に、なぜこの企画を思い立ったのか――という話をさせていただきます。

私は「時代劇研究家」という肩書で仕事をしております。そして、時代劇については「世界に通用するエンターテイメントの表現手段」であり、多様な楽しみ方ができると思っています。

そんな魅力的な時代劇なのに、製作本数が少なくなってしまい、また多くの人たちが観ようともしない現状になってしまった。そうした中で、なんとか時代劇を再び盛り上げることができないか。その援護射撃をするために、この仕事をしてきました。

私の基本スタンスとしているのは、時代劇の「間口を広げる」「ハードルを下げる」「多様な入口を提示する」ということです。そうやって、「時代劇って誰でも気軽に楽しめるんですよ」と伝えるために、原稿を書いたりメディアで話したりしてきました。

やはり時代劇に「とっつきにくさ」を感じている人って多いと思うんですよね。私はいつも、その「とっつきにくさ」とその結果訪れる「食わず嫌い」をいかにすれば消せるか、を第一に考えています。

これまで私の書いてきた本では、勝新太郎《かつしんたろう》、五社英雄《ごしゃひでお》、東映京都撮影所といった時代劇に関わる各テーマをノンフィクションの物語として語りながら、その人物やエピソードをとっかかりにすることで時代劇を楽しむキッカケにしてもらえたら、と思っていました。

でも、はたと考えたんです。

個別のテーマを語っていても、時代劇というジャンルそのものの楽しみ方については実はちゃんと語ってきていないんじゃないか、と。折に触れてメディアや原稿などで述べてはいますが、まとまった形ではないんですよね。

そこで「この一冊さえあれば、とりあえず時代劇の楽しみ方が分かる」という本を目指し企画しました。

ですから、ここに書かれているのは気軽に入口に立って入って楽しんでもらうための、「とりあえず」集です。「とりあえずこれを知っておけば入口に立てる」「とりあえずこれを知っておけば困らない」そんなことだけを自分なりにピックアップして書いています。

なので、ある程度詳しい方からすると「今さら何を当然のことを言っているんだ」「表現を盛っていないか」「説明をはしょっている」「あれが足りない」「これも入れろ」——などなどのご意見はあることでしょう。

でも、これは入門書。しかも、ジャンルとして完全に廃れてしまった状況下で書いた、これから触れようとする人に向けての入門書です。分かりやすく、楽しくをモットーに「よし、今日から時代劇を観てみよう」と思ってもらうために書きました。

ですので、その辺はあらかじめご容赦願えましたらと思います。

これは、時代劇を「なんとなく」楽しむための「とりあえず」が書かれた本なのですから。

## 歴史用語の説明はしません

もう一つ、ご理解いただきたいことがあります。この手の入門書といいますと、江戸時代や戦国時代の史実や風俗習慣、歴史用語などについての雑学や蘊蓄《うんちく》が出てくることが多いですよね。たとえば「北町奉行と南町奉行の違いは？」「一両は今の何円？」みたいな。

本書には、そういうのはほぼ書かれていません。

時代劇をとっつきにくくしている要因の一つに、「作中に出てくる用語や固有名詞がよく分からない」というのがあると思います。

ある番組で共演した若い女性タレントは、その時のテーマとなった時代劇映画を事前に観た際、「分からない用語が出てくる度に一たん止めてネットで調べていた」と言っていました。勉強熱心――といえるかもしれませんが、私は「頼むから、そういう見方はしないでください」と言いました。そんな風に観ても面白いわけがないのですから。いくら背景を理解できたとしても、作品そのものを楽しめなければ意味がありません。時代劇はエンターテイメントなので。

大事なのは「なんとなく」です。完全に理解しなくとも、「なんとなく」楽しめれば、それでいいと思っています。分からない用語は分からなくともいいのです。観ているうちに「なんとなく、こういうことなのかな」くらいの理解で十分。エンターテイメントというのは本来、そういう背景の知識がなくとも楽しめるように作られているものなので。

でも、たしかに時代劇を見慣れていない人や歴史になじみのない人にとって、耳馴染《なじ》みのない用語は多いですよね。特に、人名や役職といった名詞。

では、そういったよく分からない用語とどう向き合えばいいのでしょう。

結論からいうと、「ここは外国」あるいは「ファンタジーの異世界」と思ってください。いずれも、自分の生きている現代日本と異なる社会環境・言語・生活習慣・制度にある世界ですよね。そうした世界を舞台にした作品を観る時、どうされます？

多くの方が「耳馴染みがなくて当たり前」「分からなくて当たり前」という前提で接しているのではないでしょうか。でも、固有名詞に耳馴染みがないから、用語や制度がよく分からないから面白くないかというと、そんなことはないですよね。外国映画もファンタジー映画も、特別な勉強をすることなく自然と接し、そして楽しんできたことと思います。

それは、そうした作品で描かれる人間ドラマに感動したり、エンターテイメントに興奮したり、あるいは未知の世界に触れて刺激を受けたり——と、普遍的な部分を楽しんできたからです。

時代劇も同じことなのです。描かれている世界を「日本の歴史」と思うと「知識がないと分からない！」と肩肘張ってしまいますが、「初めて知る異世界」と思うと、もう少し気楽に触れられるのではないでしょうか。

たとえば人名で「カゲユ」とか「モンドノスケ」とか時代劇で出てきますが、現代にはない名前なので「？」となりますよね。でも、それはたとえば「ドルフラングレン」「カイルマクラクラン」といった外国人の名前と同じようなものだと思えば、引っかからずに通せるのではないでしょうか。あるいは「チューバッカ」のような異星人とか。

それは役職も同じで。たとえば「老中」とか「家老」とか出てきた時、「教科書で見たことあるなあ。でも、どんな地位でどんな役職だったか覚えてないなあ」となって気持ちが引いてしまうかもしれません。でも、そんな必要はないのです。作品を観ていると「偉い人」として描かれていると思うので、とりあえずカタカナで「ロージュウ」「カロー」という感じの「なんとなく偉い人」だとさえ分かっていれば、あとは劇中で描かれる人間関係を普通に追っていくだけで、作品内容を理解する上で必要なことは全て分かります。

ですから、「いろんな知識を理解してからでないとダメなんじゃないか」「知らない用語が出てきたらどうしよう」とかいうプレッシャーは一切捨ててください。そんなこと考えていたら楽しめません。そのため、歴史用語の解説はほとんどしていません。時代劇というのは本来、それでも分かるように作られているものなのです。

時代劇の「時代」ではなく「劇」を楽しんでほしいのです。本書は「時代劇」の「劇」を楽しむための補助輪くらいに考えておいてください。「時代」の方は、作品を観ながら作中で描かれている事柄が「なんとなく」分かれば、とりあえずそれで十分です。

時代劇は「過去の再現」ではなく、「こうだったらいいなあ」というロマンを描くファンタジーなのです。時代劇と接する大前提として、そのことだけは念頭においてください。

## 「おじいちゃんの家での『水戸黄門』」問題

時代劇をとっつきにくく考えている人が少なからずいる理由として、用語の問題ともう一つあるのが、「時代劇は古臭い」「ワンパターンの単純な勧善懲悪しかない」「お年寄りが観るもの」という意識です。それが時代劇を遠ざける大きな要因になってしまっていると思います。

でもそれ、実はただの先入観に過ぎないんですよ。後の章で解説しますが、それって時代劇のほんの一部でしかありません。しかも、時代劇一〇〇年の歴史のうち、ここ三十年くらいの話です。

では、なぜこうした先入観を抱いてしまうことになったのか。その背景には『水戸黄門《みとこうもん》』『暴れん坊将軍』の存在があると思っています。

ここで紹介したいのが、「おじいちゃんの家での『水戸黄門』問題」です。

三十代からアラフォー、それから二十代後半くらいまで入るでしょうか。そのくらいの年齢で、私がどのような仕事をしているかを知っている人と初めてお話をする際、相手がこちらに無理に合わせようとしてくることがあります。皆さんその時にいつも決まったエピソードをぶつけてきます。

それは「おじいちゃんの家で子供の頃に時代劇を観た」という人と、「学校が終わって、夕方の再放送で時代劇を観た」という2パターン。それでそこで観た作品は何かというと『水戸黄門』か『暴れん坊将軍』。なぜか、みんなこの思い出をぶつけてくるんですよ。ほぼ同じ内容。

私と話を合わせようとなんとか絞り出した記憶なのだと思いますが、私からすると「またそれか――」なんですよね。そのくらい高い確率で出くわします。

じゃあ、「そのあとに他の時代劇を観たか」と尋ねると、そこで止まっていて、たいていの人はその先は時代劇を観ていないんですよ。それを批判するつもりは全くありません。むしろ、「それはそうだよなあ」と共感します。私も、もしそこが子供の頃のスタートになっていたら、今みたいな仕事をするほど時代劇にハマり込むことはなかったと思います。

ようは、「おじいちゃんの家で観た『暴れん坊将軍』」「夕方の再放送で観た『水戸黄門』」が時代劇とのファースト・コンタクトだったために、「時代劇って古臭い感じだな」とか「ワンパターンの勧善懲悪」とかいう刷り込みが最初に刻まれてしまい、そのまま敬遠して食わず嫌いになったわけです。実際、「その時の『水戸黄門』の印象を引きずってしまい、時代劇を観ようという気持ちにならなかった」という人も少なからずいました。

先ほど「日常での『なんとなく』の出会いを入口にするから楽しめる」と述べましたが、この「なんとなくの出会い」での印象が悪かったら、入口に入る気が起きなくなるわけです。

## ウニ理論

これを私は「ウニ理論」と呼んでいます。

子供の頃に最初に食べたウニが、鮮度が悪かったり、質の悪いものだったりすると、あの独特の臭みばかりがキツくなって「ウニってイヤだな」となります。

でも、最初に新鮮な美味《おい》しいウニを食べるとそうはならない。大好きになる。先にウニの臭みが気になっちゃうと、そのあとで美味しいウニを食べても少しでもある臭みの部分が気になっちゃう。ウニの美味しさを知っている人間からすると「そんなことないのに、もったいない」と思っても、感覚的に気になっちゃうものはしょうがない。

それは時代劇も同じです。

最初に『水戸黄門』などを観ちゃうと、そのときに感じた退屈さや、古くささが気になるわけです。これは後でちゃんと語りますが、実は『水戸黄門』は時代劇史においては亜流な存在です。それがたまたまヒットして生き残ってしまったため、いつの間にか時代劇の象徴みたいな扱いになってしまいましたが、全くそんなことはない。

『水戸黄門』などから植えつけられた——つまり「古くさい」「年寄り向け」「堅苦しい」「わかりやすいワンパターン」などが時代劇のイメージになっている人が多いわけですが、これは全くの誤解なんです。

むしろその正反対にあるものこそが、時代劇であるとすら言えます。

ですから、おじいちゃんの家で時代劇を観ちゃった人には同情をしてしまいます。これは、どんな趣味の分野でも言えると思うんです。最初に触れた作品が面白かったからハマるけれども、それが合わないものだったら、もう難しい。

それでいうと、私はたまたま親が英才教育のような形で時代劇を観せてくれて。ウニでたとえると、北海道の漁港で新鮮なものばかり食べさせてもらいながら育ったようなものです。ですから、その後に祖父の家で『暴れん坊将軍』を観ることもありましたが、「独特の臭み」が気にならなかったんです。なぜなら美味しさの部分を知っていたから。

私の友人のライムスター宇多丸《うたまる》さんも、子供の頃に『七人の侍』を観させられて「面白い」と思ったから、時代劇に全く抵抗がなかったと言います。

じゃあ、大人になって苦手意識を抱えたままの人はもうどうにも間に合わないのか——というと、そんなことはないと思っています。「この産地のウニなら苦手な人でも食べられますよ」「こういう調理法ならウニの美味しさが分かると思いますよ」というのはあります。

たとえ話ではなくウニそのものの話でいいますと、私は実はウニが苦手でした。が、あるイタリアンの店でウニのパスタを食べて「これがウニの美味しさか！」と知ることができ、以来、大好物になっていきました。

それを時代劇でもやろう、というのがこの本です。時代劇というウニの美味しさを知ってもらい、食わず嫌いを解消してもらおうと思っています。

## ミーハーのススメ

では、その美味しい食べ方とはなんなのか。これまで私の書いてきた時代劇関連の書籍や原稿、メディアでのトークは自分なりの「ウニのパスタ」のつもりでおります。ありがたいことに、私の話に触れたのをキッカケにして時代劇に興味を持ち始めた方も少なからず出てきました。

そうした方々から「春日《かすが》さんのオススメ時代劇を教えてください」と聞かれることがあります。で、いつも私は頭を抱えます。

というのも、料理の味への相性が千差万別であるのと同様に、娯楽への趣味嗜好《しこう》も千差万別だからです。私がいくら「美味しいですよ」と勧めても、誰もが同じ感想を持ってくれるとは限りません。中には「合わないなあ」という方も出てくるでしょう。そうなると、せっかく興味を持ってくれたのに苦手意識を植え付けるだけになりかねない。それで、いつも悩んでいます。

本心を言えば「美味しさ」の感覚は人それぞれなので、それぞれに見つけてくれたら――

と思うのですが、それだと無責任な気もするので、「皆さんそれぞれ自分なりの美味しさの見つけ方」の話をしてみようと思います。

　そこでオススメしたいのが「カッコいい探し」です。ようは理屈を気にせず、純粋にミーハーな気分で接する。これは時代劇に限らず、全てのエンターテイメントに肩肘張らずに入っていく上で大事なことだと思っています。

　そのことに気づかせてくれたのは、実はサッカーでした。

　私にとって時代劇は「現実逃避の場」でした。が、「時代劇研究家」としてそれを仕事にするようになってから、そうもいかなくなってしまったんですよね。どうしても仕事モードになってしまう。それで新しい逃げ場を探しました。

　そこでふと浮かんだのはサッカーでした。それまではＪリーグ発足時のチャラチャラしたイメージや「ワールドカップ日本代表をみんなで応援しよう」みたいな一体感を押しつけてくる感じが苦手で、観るのを避けてきたんです。

　あえてそこに挑戦してみようと思いました。でも、どこから入っていいのか分からない。詳しい人に聞いたら変にマウンティングされそうで怖い。そんな時、テレビを観ていたら、面白い発見がありました。サッカー解説者の北澤豪《きたざわつよし》が当時、アイドルのフットサルチームの監督をしていたのですが、そのアイドルの一人から北澤が「どうすればサッカーに詳しくなれるか？」という質問を受けたんです。その時の彼の答えに膝《ひざ》を打ちました。「観ていてカッコいいと思える選手を探せ」と。自分なりにカッコいい選手を追いかけているうちに、その周辺のことも段々と自然に分かるようになり、気がついたらサッカー自体に詳しくなっていく。最初はルールや戦術をよく知らなくても、そうやって入れるわけです。

そして、もう一つ大きいのは、観ていて「カッコいい」と直感的に思える選手は、それだけ技術的に上手《うま》かったり、プレーに華があったり、と何らかの理由がある。つまりウニ理論でいえば「自分なりにカッコいいと思ったプレーヤー」こそが「いいウニ」、しかも「自分の口に合ったウニ」なわけです。

自分なりに「カッコいい」を追いかけるうちに、ジャンルそのものが好きになっていく。サッカーでいうと、私の場合はリヴァプールというチームのスティーブン・ジェラードでした。彼の凄《すさ》まじいミドルシュートにど肝を抜かれ、次に彼と中盤でコンビを組むシャビ・アロンソのエレガントなパスに惹《ひ》かれ、戦術やフォーメーションに興味をもつようになりました。そうして気づいたわけです。初期Jリーグや日本代表応援のあの嫌な感じは決してサッカーの全てではない、と。時代劇に多くの人が先入観を抱いていたのと同じく、私もサッカーに先入観を抱いていた。それを取り払ってくれたのが「ミーハーに接する」ということでした。時代劇でもきっとそれは同じはずだと思っています。

大事なのはまずミーハーな気持ちで接すること。それこそが最高の入口なのです。

## 大切なのは子ども心

時代劇も同じです。

作品を観るとき、「カッコいいな」「素敵だな」と思う人を見つけて、その人を追いかけてみると楽しめると思います。それは作品選びでもそうです。好きな俳優やアイドルが出ているとか、ポスターやパッケージを見て「あ、なんかカッコいい」と思うとか、始まりはそういうキッカケがいいと思います。それは「衣装が綺麗《きれい》だな」でも「景色がいい」でもよくて、自分なりの「カッコいいポイント」を一個見つけてみる。

どんなジャンルでも、最初に好きになるキッカケってそういうものだと思うんですよね。ふと目にした作品、耳にした音楽になんだか心を動かされて、そこから「好き」になっていく。最初に「勉強しよう」と思って入っていったら、「好き」になりにくい。時代劇もそうなんです。

時代劇って「お年寄り向き」と思われがちで、実際にたくさんの高齢者たちが観てきたのですが、そうした人たちは実は「お年寄りになったから時代劇を好きになった」というわけではありません。

七十代、八十代の人に聞いてみるとわかりますが、子どもの頃に『笛吹童子』、『紅孔雀《べにくじゃく》』といった子ども向けに作られた時代劇映画を観てそこで活躍するヒーローたちをカッコいいと思って、そのまま時代劇好きな大人になっていった。あるいは戦後の焼け野原の時代に学校の校庭に白いシートをスクリーン代わりに張って、そこに映写機で嵐寛寿郎《あらしかんじゅうろう》の『鞍馬天狗《くらまてんぐ》』を流して休み時間に観ていたり。その時のヒーローたちのカッコよさ、ヒロインたちの美しさに目を奪われたところから時代劇を好きになり。その想いがお年寄りになっても続いているわけです。

重要なのは、そうした子どもたちが何も知識がなくともワッと好きになれたということです。それが本来の時代劇なわけです。ですから、これから時代劇に入ってみようという人はぜひ、童心のミーハー精神で接してみてください。

## 春日はいかに時代劇にハマったのか

それではこのガイダンスの最後に、私がいかにして時代劇にハマっていったのかを語ろうと思います。

一九七七年生まれ、映画でいうと『スター・ウォーズ』が全米で公開された三ヵ月後に生まれました。それで、よく言われるのは「この若さで、なんで時代劇が好きなんですか」と。

それだけ、時代劇は「お年寄りが観るもの」という先入観があるんでしょうね。

私は必ず、こう答えます。「なぜもなにも、子どもの頃に観ていて面白かったからですよ」と。それでまた驚かれたりします。「え、子どもなのに時代劇を面白がれたんですか！」と。でも、それは別に特別なことではないと思うんです。私が子どもの頃、時代劇はむしろたくさんあったんですよ。

時代劇が好きになった最初のキッカケは、父親の語りです。私は子どもの頃からかなりの不眠症でした。物心ついたときからずっと眠れない記憶ばかりで。親に言わせれば、生まれてすぐから不眠症だったという話ですが。

とにかく、私をどう寝かしつけるかが親にとっては重要なテーマでした。

それで母親は絵本や漫画を読み聞かせてくれましたが、問題は父親で。とにかく時代劇と歴史が好きな人でした。戦国時代の勢力図の変遷みたいな話をずっとしていて。上杉《うえすぎ》と武田《たけだ》の勢力争いとか、毛利《もうり》はどうやって領土を拡げていったかとか。これが七面倒臭い知識抜きにヒーロー漫画みたいな感じで語るものだから、子ども心にすごくワクワクしたんですよ。

父の話のネタの一つに黒澤明《くろさわあきら》監督による映画『七人の侍』の話もありましてね。農民に雇われた七人の侍たちが野武士の襲撃から村を守るという物語なのですが、父の語ってくれるこれが物凄《ものすご》く面白くて。物語ではなくて、シーンの映像描写を語るんですよ。「物凄い土砂降りの雨が降っていて、汚い恰好《かっこう》をした侍たちが、野武士と泥まみれになりながら――」みたいな。

それで、こちらも頭に映像が浮かぶんです。この段階で早くも時代劇に対する距離感や苦手意識がなくなっていたんですね。

その後は『機動戦士ガンダム』です。テレビシリーズを再放送で観たので、四歳くらいでしょうか。時代劇ではなく、宇宙を舞台にしたロボットアニメですね。でも、これが時代劇を本格的に好きになる上でとても大きかった。

最後の章で詳しく書いていますが、これがとても優れたチャンバラものでした。物語は完全には理解できませんでしたが、とにかくガンダムたちモビルスーツ同士の戦闘シーンのチャンバラがカッコいい。当時、学校でチャンバラごっこが流行《はや》ったんですよ。掃除の時間にホウキやモップを振り回したり、ゴミ箱の蓋《ふた》を盾にしたり。大人には「昔ながらのチャンバラごっこ」に見えるかもしれませんが、こちらはガンダムごっこでした。

これで、チャンバラというのが好きになりました。それで、もっとチャンバラが見たくなって、そこから時代劇に入っていきました。

それから、我が家は親が子どもに遠慮しない家で、子どもに合わせてテレビを見るということは一切なくて、自分たちが見たいものを見る。特に時代劇が好きで。だから、バラエティ番組や現代劇のドラマはほとんど見ていなくて、その辺の話題には全くついていけなくなっていました。

　ちょうどそのときに――一九八〇年代の半ばくらいで――NHKの「紅白歌合戦」の裏で、日本テレビが「年末時代劇スペシャル」をやっていて、『忠臣蔵』から始まって、『白虎隊《びゃっこたい》』『田原坂《たばるざか》』『五稜郭《ごりょうかく》』。これをずっと毎年観ていました。

　当時、母親が風間《かざま》杜夫《もりお》が大好きだったのもあります。このシリーズは、風間杜夫がいい役で出ているんですよ。『白虎隊』だと松平容保《まつだいらかたもり》。『忠臣蔵』だと浅野《あさの》内匠頭《たくみのかみ》。『田原坂』だと桂小五郎《かつらこごろう》。それがどれも貴公子的にカッコよくて。それから、物語はだいたい悲劇。若者たちが命を落とし、鈴木《すずき》瑞穂《みずほ》の重々しいナレーションが入り、そこに堀内孝雄《ほりうちたかお》の切々とした主題歌が流れる。もうそれで、よく歴史背景が分かっていなくとも情緒的に泣けちゃうんです。

　それからこの時期にNHK大河ドラマで『独眼竜政宗《まさむね》』が始まって、これが決定打になりました。とにかく渡辺謙《わたなべけん》がカッコいい。北大路《きたおおじ》欣也《きんや》、西郷輝彦《さいごうてるひこ》、三浦友和《みうらともかず》、原田《はらだ》芳雄《よしお》。それから勝新太郎。みんなカッコよくて。学校でも流行りましたよ。小学校四年でしたが、月曜日はみんな『独眼竜政宗』の話をしていました。『独眼竜政宗』や翌年の大河『武田信玄《しんげん》』はファミコンのゲームになっていて、それも補助輪になって、戦国の合戦ものがスムーズに楽しめたというのもあります。ここから大河ドラマにずっぽりハマっていきました。

その少しあとに、フジテレビで『鬼平《おにへい》犯科帳』が始まります。これは大人の世界。ドラマの奥深さは子供には分かりませんでした。でも、「分からないけど、いいドラマをやってるんだな」という感じは伝わってきて、背伸びしながら観ていました。その感じもまた楽しいんです。「これが分かる大人になりたいなあ」って憧《あこが》れたりして。

一方でテレビ朝日では松方弘樹《まつかたひろき》の『名奉行 遠山《とおやま》の金《きん》さん』もやっていて。最後の桜吹雪を見せての台詞《せりふ》回しとか凄く臭くて、でもそれがまたカッコよくて。これも学校の休み時間に「きのうの松方、凄かったな」みたいな話をしていました。同時期に同じくテレビ朝日でやっていた『三匹が斬る!』も学校で話題になりました。高橋英樹《たかはしひでき》、役所広司《やくしょこうじ》、春風亭小朝《しゅんぷうていこあさ》、三人のキャラクターと殺陣《たて》が楽しくて。

つまり、時代劇にハマったキッカケは何かというと、純粋に楽しかったからです。べつに日本の文化だとか伝統とかいう理由ではなくて。「カッコいい」「楽しい」「泣ける」そんな感じでした。他の子供たちもみんな一緒に楽しんでいた気がします。そういうものなんですよ、時代劇って。

それから夕方にTBSで再放送をやっていましたが、家から帰るとだいたい観ていました。あの時間帯は『水戸黄門』『大岡越前《おおおかえちぜん》』『江戸を斬る』、三つの再放送をローテーションでやっていましたが、『水戸黄門』は全くダメでした。カッコよくないんです。

いくわけです。

『大岡越前』と『江戸を斬る』は面白かった。この二つはハマりました。特に脇に出ている天知茂《あまちしげる》とか成田《なりた》三樹夫《みきお》といった俳優たちがカッコよくて。そうやって俳優にも詳しくなって

中学になってから、テレビ東京で昼間に『影の軍団』シリーズを再放送していて、この千葉《ちば》真一《しんいち》がまたカッコよくて。話も面白くて。歴史の裏に忍者たちの活躍があったという話で、当時は大河キッカケで歴史好きになっていたものだから、それも嬉しかった。「下馬《げば》将軍」酒井《さかい》忠清《ただきよ》を金子《かねこ》信雄《のぶお》がやっていたり、井伊《いい》直弼《なおすけ》を成田三樹夫がやっていたり、小栗上野介《おぐりこうずけのすけ》を夏八木《なつやぎ》勲《いさお》がやっていたり。主人公に立ちはだかる悪役たちの魅力にどっぷりと浸りました。

この再放送が夏休みから始まって、きっちり八月三十一日で終わってくれればよいけれど、終わらないいんですよ。それで学校を休んで、最終回まで家で『影の軍団』を観ていました。

そういう意味では、何か真面目に考えて観ていたとか、そういうことではなくて。子供心に楽しめる娯楽を求めていった結果、それが時代劇だったということでしかなかったわけです。環境として少し恵まれていたというのはありますが、「勉強」というのは一切していません。ただひたすら、ミーハーに楽しんできました。

そんな感じで、皆さんにもこの本をキッカケに時代劇を気軽な娯楽として楽しんでもらえたらなあ、と思っています。

## 時代劇を観る方法

最後に、「これから時代劇を観たい」という方に向けて、その手段をご紹介しますね。「なんとなく」観るのは難しい時代になりましたが、「観よう」と思ったら、実は旧作に関しては以前より観ることのできる環境も作品数も増えていたりします。

①動画配信

まずオススメしたいのが、これです。各動画配信で、映画会社はかつての時代劇を大量にアップしています。特に凄いのがＡｍａｚｏｎプライム・ビデオでして、本書を読んで気になる俳優や監督、作品タイトルやジャンルなどがあったら試しに検索してみてください。かなりの本数がヒットするかと思います。

②スカパー！

ここにはさまざまな専門チャンネルがあり、毎日のようにたくさんの旧作時代劇が放送されています。特にオススメは時代劇専門チャンネルで、その名の通り時代劇を一日中やっています。このチャンネルを流しっ放しにしてみて、気になる作品があったらジックリ見てみる――という入り方もあると思います。他にも、東映チャンネルはその名の通り東映系の映画・テレビの時代劇を放送していて、ここもかなり役立つかと。

③DVD・Blu-ray

「名作」といわれる作品はそれなりにソフト化されています。特に最近はリマスターした高画質版が Blu-ray で出てきましたので、そちらをご覧いただくと、より深く味わえると思います。ただ、日本の映画やテレビドラマのソフトは割高なので、大きめの TSUTAYA などでレンタルするのもいいかと思います。代官山《だいかんやま》蔦屋《つたや》書店の映像コーナーは全国でも屈指の時代劇ソフトの充実を誇りますので、機会のある方はぜひ。

④名画座

映画はスクリーンで観るのが一番です。旧作を観るなら、名画座へ。東京だと新文芸坐（池袋）、ラピュタ阿佐ヶ谷（阿佐ヶ谷）、神保町シアター（神保町）、シネマヴェーラ渋谷（渋谷）、大阪にはシネ・ヌーヴォがあり、それぞれ時代劇映画をよく上映しています。ぜひチェックしてみてください。

⑤ＢＳ・地上波

衛星放送でも、実は時代劇をやっています。フジを中心に民放各局では過去作の再放送、そしてＮＨＫのＢＳは大河ドラマの再放送をやっています。ＮＨＫはレギュラー枠を設けて新作を作り続けています。また、地上波ではやはりＮＨＫが日曜夜八時の大河ドラマ枠を堅持している一方、二〇二〇年三月の段階では土曜の夜六時五分から「土曜時代ドラマ」という枠を設けてＢＳで放送した新作時代劇を流すことがあります。

民放も年に数度、時代劇のスペシャルを流すことがありますが、新作の時代劇に注目したい場合は、ＮＨＫのＢＳと地上波を追いかけていれば、まず大丈夫です。

――といった感じで、時代劇を観る手段は現在それなりにあります。皆様それぞれの環境に合わせつつ、ぜひお試しくださいませ。

# 第二章　時代劇ってなに？

## 時代劇と歴史劇の分け方

では、ここから具体的な話に入っていきます。

「時代劇」という言葉は一つのジャンルを表す名詞として定着した感があります。そしてどのような意味をもつのか。まずはその辺りから概説していきたいと思います。

「時代劇」を広辞苑第七版で引くと「時代物の劇映画」と書いてあります。これだと正直、よく分からないですよね。「時代物」って？　「劇映画」だとテレビは入らないの？

まずお話しするのは「時代劇の定義」です。そもそも、この本で扱う「時代劇」とは何を指しているのかという話です。いつ頃の時代を扱った、どのような作品を「時代劇」と呼ぶのか。

これに関しては、大雑把でいいと思っています。

こういう仕事をしていると、「春日さん、あれって時代劇ですかね？」「あの作品を時代劇と呼んでいいのでしょうか」と聞かれることが多いです。その人の中で時代劇の定義や、「これが時代劇らしきもの」という枠組があるのでしょう。それで「この作品は時代劇に当てはまらないのでは」という疑問が生じる。

たとえばチャンバラがない作品――『大奥』など――は「あれは時代劇と呼んでいいんですか？」と聞かれることが多いです。あるいは、『JIN-仁-』みたいなタイムスリップもの。こうした作品に対して「あれは時代劇と言えないかもしれないですけど、春日さんはどう思いますか」と前置きつきで聞かれます。そんな時、私は「それが時代劇であるかどうか」を気にする人が少なからずいることに驚かされます。

後で説明しますが、その辺はみんな時代劇です。

それから「時代劇と歴史劇は区別すべきだ」と主張する人もいます。この場合のよくある分け方としては、フィクションをベースにした話が「時代劇」で、ノンフィクション的な史実に基づいているものが「歴史劇」ということになります。

でも、そういう時に思うんです。「いや、待ってくれ」と。そうだとしたら、『忠臣蔵』はどちらなのか。新選組《しんせんぐみ》を扱った作品はどうなのか。清水次郎長《しみずのじろちょう》は？　国定忠治《くにさだちゅうじ》は？（※この辺の固有名詞がよく分からない方は、後の章でちゃんと説明するのでご安心を）

ようは、この辺は全て、実在の人物を主人公にした史実をベースにした話なんです。先に挙げたように「時代劇」と「歴史劇」を区分してしまうと、この辺りは全て「時代劇」に入れられなくなる。

さすがにそれはおかしい。これだけのビッグタイトルがグレーゾーン、もしくは例外的な扱いになる定義付けなんて全く機能を果たしていないと言えます。無意味です。

といいますか、そもそも、時代劇と歴史劇を分ける意味があるのか。その議論をして細かく分けたところで、何の意味もない。誰も得をしない。ただの自己満足に過ぎず、時代劇というジャンルを窮屈なものにするだけです。

全部ひっくるめて大きく「時代劇」と言ってしまってよいと思います。

時代劇には「こんなにいろいろな表現の幅があるんだ」という方向で考えてほしいのです。たとえば「忠臣蔵」一つ取っても、最新の学説を取り込んだ史実に忠実な「忠臣蔵」がありながら、一方で昔ながらの講談的な「忠臣蔵」もあってよい。そうした幅を持っているのが時代劇の強みです。

あえていえば、「歴史劇」というのは、「時代劇」という大きな枠組みの中の一つの表現ジャンル——という捉《とら》え方が最も分かりやすいと思います。その辺も、後の章で説明します。

## 時代劇の区分

かといって、過去を扱った話なら何もかも時代劇かと言われると、「ちょっとそれは――」となります。

たとえば、二〇一八年にTBSが『この世界の片隅に』をドラマ化した際、ホームページに「時代劇」と書いていました。さすがに、それは違うと思います。

『この世界～』は戦時中の物語です。「過去の話は全て時代劇と呼んでいいんじゃないか」という人がたまにいて、そういう人からすると「時代劇」でしょう。でも、よく考えてください。その戦時中も映画は作られていました。そして当時の「現代」を描いた作品は、もちろん当時「現代劇」と呼ばれていたわけです。つまり、「過去を舞台にした話は全て時代劇」としてしまうと、同じ時代を描いていても、その時代に作られたものは「現代劇」で、後の時代に作ったものは「時代劇」となってしまう。

それはちょっと無茶な話です。そうなると、五十年後に二〇二〇年の日本を描いた作品も「時代劇」になってしまう。『忠臣蔵』とそれを同列に、同じジャンルで語っていいものなのか。さすがに、それは無理があります。やはり、描かれる時代については、何らかの線引きは必要でしょう。

では、どこで区切るか。

そこで私の考えた時代劇の定義は「西南戦争終結以前の日本、および日本らしき場所を舞台にした映像作品」ということになります。

「明治時代以前」という線引きもアリかもしれませんが、「年号は明治になったら、もうダメですか」となると、戊辰《ぼしん》戦争は入らなくなる。これは新選組を考えたときに厄介。大政奉還で線引きをすると、坂本龍馬《さかもとりようま》の暗殺も入らなくなる。

そこで考えた区切りは西南戦争です。西南戦争以降、日本では大きな内戦が起きていないんですよ。ここから先は近代国家として挙国一致で海外へ向けての戦いになっていく。それまでと国の在り方がガラリと変わります。つまり、明治以前＝前近代であり、その境目は西南戦争。それによって新旧時代の区分ができるのではないかと。（これはあくまで、時代劇を語っていく上で都合のいい線引きです。本職の歴史学者の方からの「その区分は違う」的なツッコミはご容赦ください）

この定義でいくと、タイムスリップものも分かりやすいと思います。岡田以蔵《おかだいぞう》が幕末から現代にタイムスリップしてくる『ＩＺＯ』という映画は現代が舞台だから「現代劇」。一方で、『ＪＩＮ－仁－』や『信長協奏曲《のぶながコンツエルト》』のように、現代人が江戸時代や戦国時代にタイムスリップする話は、西南戦争以前の時代が舞台なので「時代劇」。

そんな感じでここでは「時代劇」の範囲を規定して扱っていきます。

## 時代劇の起源

続いて「時代劇」という言葉が誕生した背景の話をします。ここに、時代劇の本質的な魅力に関するさまざまな重要ポイントがあったりします。

そもそも日本で映画上映が始まったのは明治の中頃、一八九六年です。そのかなり初めの段階から江戸時代を舞台にした作品は作られていました。でも、そうした作品は「時代劇」ではなく「旧劇」と言われていました。

明治になって、新しい劇がヨーロッパから入ってきます。そうした輸入された劇や現代劇は「新劇」と呼ばれました。それに対して、歌舞伎などのそれまで日本にあった劇は「旧劇」と呼ばれます。そのため、そうした旧劇を題材に扱った映画は「旧劇映画」と言っていたわけです。

「旧劇映画」の大きな特徴は、歌舞伎などや大衆演劇のやり方を模倣していた点です。たとえば女優がいなくて女形（女性役を演じる男優）を使っていた。当時はサイレント＝無声映画の時代でしたので、音楽も劇場で太鼓などの鳴り物を使い、セリフも弁士が声色で当てていた。そのため、劇場によって映画の内容が異なるということもあったといいます。それから、カメラもほとんどカット割や移動撮影はなく、据えっ放し。舞台中継のようなものでした。

それが一九二〇年前後になってくると、映画界全体で「純映画劇運動」というムーブメントが起きます。映画は映画独自の方法論で作っていくべきだという動きです。女優を使い、セリフは字幕を入れるようになった。カメラも丁寧にカット割がなされ、移動撮影もある。この動きがまず現代劇で起き、そして旧劇にも波及していきます。

そのスタートになったのが、一九二三年の『女と海賊』という映画で、「純映画劇」の方法論で旧劇を撮ったわけです。そうなってくると、それはそれで大きな売りになるので、映画館側としては、「旧劇映画」の「旧」だとイメージがよくない。何か「新しいもの」だということで客を呼べないかと考え出されたのが、「新時代劇」という言葉でした。これがやがて「新」が外れて、「時代劇」として定着していくことになります。

つまり、時代劇には、その言葉自体に「これは新しい表現です」という意味合いがあるわけです。「時代劇＝古くさい」という認識がいかに誤解であるかがわかると思います。「時代劇＝新しい」。「新しいからこそ時代劇である」というのが大前提にあるのです。

それから、「旧劇」が「時代劇」に転じたことを考えると先ほどの「時代劇の範囲」は、やはり明治（西南戦争）以前としたのがお分かりいただけると思います。

もう一つ大事なのは「映像作品」であること。テレビや配信は「時代劇」に含まれますが、舞台や小説は含まれません。

## 伝統文化ではない

「時代劇」の登場と同時に、作中で描かれるテーマも新しいものになっていきます。

一九二〇年代、三〇年代と「時代劇」の映画が大人気になります。そこで描かれたテーマはたとえば、青春の挫折《ざせつ》だとか、身分の格差や貧困問題だとか、権力の横暴に対する庶民の怒り。それから男女の恋もあります。

つまり現代的な問題意識を過去の舞台設定の中に込めて物語が作られ、そこにチャンバラが入る。それに観客は熱狂して、時代劇は日本の娯楽の中核になっていきます。

時代劇というのは伝統文化ではないわけです。むしろ、そこからの脱却という形で誕生しました。どうしても時代劇は、歌舞伎、能、狂言、文楽などの延長線上で「伝統文化」として語られることがあります。でも、実は違うのです。

時代劇は現在進行形のエンターテイメントです。伝統文化も尊いものですが、時代劇はそれと同じジャンルではないので、そこは線引きしてください。

こうした誕生の経緯から分かる「時代劇であること」の成立要件は次の二点になります。

・新しい表現手段を使う
・現代の空気を取り込む

最新の技術を駆使して、「今」を生きている人々の空気を取り込んで、「今」を生きている観客のニーズに合わせて作っていく。もともと時代劇という言葉が生まれた原点がそれでしたし、そうやってずっと作られてきたのが時代劇だったわけです。

ところが、です。これはどんなジャンルにも言えることだと思いますが——試行錯誤しているうちに、最適解みたいなものが見えてくる。「こうすれば、一番のボリューム層に受けるよね」という方法論が生まれてきて、それが当たると、みんな「右へ倣え」で、今まであったさまざまな可能性・多様性が取り払われる。そしてワンパターン化していく。

その中で大きかったのが、一九六九年にＴＢＳで放送が始まった『水戸黄門』です。これ自体も当初は試行錯誤がありましたが、それを経て七〇年代後半になり、「お馴染《なじ》みのパターン」が確立されるわけです。それが毎週三〇％の視聴率を取っている状況になってしまうと、「正解」になってしまう。みんなが「右へ倣え」でそれを作るようになってしまって、「時代劇＝古くさい」という認識がその頃に生まれた。

本来、『水戸黄門』みたいな作り方は亜流なんです。始まった段階で「古くさ過ぎるんじゃないか」という反対があった。当時はカウンターカルチャーの全盛期です。ハリウッドでは『イージー・ライダー』公開の年です。『ワンス・アポン・ア・タイム・イン・ハリウッド』の舞台になった年です。音楽でも既にビートルズを通過して、日本ではグループサウンズが人気になっていました。

ですから、『水戸黄門』は当時でもかなり古い。でも、そこに支持が集まってしまった。その大半が高齢者だったわけですが、その人口の多さのために高い視聴率を取れてしまう。それに合わせて時代劇は「古くさい」方向に移っていってしまいました。亜流が本流を飲み込み、そして今に至る若い世代が「食わず嫌い」になる先入観を植え付けた。

## 時代劇、なぜ作る?

次は「そもそも、なぜ時代劇を作るのか」という話をします。

時代劇なんてべつになくなってもいい、作らなくてもいい、現代劇だけ作っていればいい――という考えの方もいるでしょう。でも、時代劇には作られ続けた方がいい理由があるんです。

それは、「日本人古来の精神を尊ぶため」とか「日本の伝統を知らしめるため」とか、そういう堅苦しい話ではありません。ひと言で言えば、「エンターテイメントの表現手段として、時代劇はとても優れているから」ということです。ようは、時代劇の最大の強みは、現代劇では表現できないことをやれる。

まず、根本の考えとして持ってほしいのは「時代劇はファンタジー」だということです。現代から時間のベクトルを未来に伸ばすとSFになり、過去に伸ばすと時代劇になる。そういう考え方をしてもらえればと思います。そういう意味で、時代劇とSFは、基本的にはベクトルの向きが違うだけと考えていいと思います。

ですから、バットマンが戦国時代に現れて怪人たちと戦うアニメ映画『ニンジャバットマン』という作品が成り立つのは、あのファンタジー世界と時代劇とは、実は親和性が高いからなわけです。今の東京にバットマンが来たら、コスプレのオジサンにしか見えないけれども、時代劇の世界だと他もみんな我々から見るとコスプレみたいな世界なので――バットマンもジョーカーも成り立ってしまう。

時代劇がなぜファンタジーとして成り立つか。それは、現代人からすると「よく知らない時代」だから。知らない時代だから勝手に考えられるし、そうやって勝手に作ったものでも――その表現に説得力があれば――観る側はそれで納得できる。そこを現代を舞台にして好き勝手に作ってしまうと、観ていて「それはないよ」とツッコミを入れてしまう。

つまり、思いきった嘘がつけるということですね。――観客に説得力を与えられれば――

何をやってもよいのが時代劇。いろいろなイマジネーションを盛り込める場なのです。

だからこそ、現代劇では成り立たない設定もできてしまう。つまり、時代劇は過去を再現する場ではなくて、「こんな人がいたらいいな」「こんなことがあったらいいな」と、作り手がロマンを込めて作り、観る側もロマンを感じるための場だということです。だから、『ニンジャバットマン』が成り立つわけです。「バットマンが戦国時代にいたらいいな」と思って、できてしまうのが時代劇だということです。

「今にはないロマン」を求めるのが時代劇であり、「過去を忠実に再現できているかどうか」「史実通りかどうか」というのは、実はどうでもいいことなのです。最初に「時代劇を観る上で歴史的な知識は必要ない」と言ったのは、そういうことです。「よく分からないファンタジー世界」として、ロマンに浸ってください。

## 時代考証との向き合い方

ネット界隈《かいわい》を中心に「あれは史実と異なる」「実際はこうだった」とか指摘してマウンティングしたがる人って結構いますよね。そういうのは無視してください。「時代劇」は「劇」なのですから、楽しんでナンボです。

私が重要視するのは作品として説得力があるかないか、その一点です。いくら史実通りでも、それが映像になった時に説得力あるものとして映らなければ「劇」として「不正解」となりますし、史実や考証的にデタラメだったとしても映像やドラマとして観る者に対して十分な説得力があれば、それは「劇」として「正解」といえます。

ようは、「面白けりゃ、それでいい」ということです。時代考証的に正しくても、作品として面白くなかったり、説得力を感じさせられなかったら、それは「不正解」なのです。

時代劇はエンターテイメントです。なので「時代劇として正しい」というのは、「史実通り」「考証通り」ということではなくて、お客さんの「楽しい」に誠実に向き合って作っているかどうかなんです。いくら史実や考証に忠実だったとしても、それが結果的に「作品としてつまらない」となってしまったら、それは時代劇において「正しくない」なんですよ。

それから「史実通り」というのがまた曲者《くせもの》で。史実というものは、絶えず歴史学者の中で説が更新されていきます。そうなると、たとえそのときの時代考証通りに作ったとしても、その考証は少ししたら新しい説によって覆されるかもしれない。だとすると、「史実通り」「考証通り」は唯一無二の正解とはいえない。

作り手が面白い作品を作るための選択肢を得るために、史実や考証を学ぶことは大事です。それによって表現の幅が大きく広がることはありますから。でも、そこに寄りかかり過ぎたり、絶対視することは危険です。

観る側も、それは同じ。前にも書いたように、「史実と違っている」と批判する人がいますが、私がそういう人に言いたいのは、「現実と空想の区別はつけてください」。劇ですから史実と違って当たり前なんです。

ですから、作る側も観る側も、それが「面白いか」「面白くないか」だけで考えればいいと思っています。どれだけ荒唐無稽《むけい》でめちゃくちゃなことをやっても、そこに説得力があれば、面白くてエンターテイメントとして成り立っていれば、それでOKなのが時代劇です。

その映像、物語、芝居に浸れるかどうかだけが大事なので、うるさいことを言う人のことは気にしないでください。

## 大がかりなアクションができる!

時代劇を作る理由として「大きな嘘をつける」と述べました。その「大きな嘘」の最たるものが、大がかりなアクションです。

これは日本の映画やテレビドラマの現代劇ではなかなかできません。

エンターテイメントの世界では、「それはないよ」と観ている側に思われてしまうことだけは、絶対にあってはなりません。たとえば今の東京の街中で警官とかが派手な銃撃戦をしたり、カーアクションをすると、観ていて「それはないよ」となってしまいます。「絶対にあり得ない」と分かっているからです。

アメリカ映画がなぜあんなにカーアクションや銃撃戦のシーンをたくさん作れて、しかもそれを自然に受け止められるかといったら、ニュース映像で普段から流れているためです。日常生活にカーアクションと銃撃戦がある国だから成り立っているし、自然に見える。

銃で人が死ぬ国だからできることなんです。日本だとちょっと銃絡みの事件があっただけで大騒ぎになるわけで。そうなるとやはり、日本でカーアクションや銃撃戦をやると嘘くさく見えます。

それから、カーアクションをやるにも撮影の許可が公道では下りない。『あぶない刑事《デカ》』をやっていた八〇年代までは、まだよかったけれども、それ以降は全く許可が下りないので、私有地でしかカーアクションを撮れない。なので現在は『仮面ライダー』も、いつも同じ景色のレース場や駐車場でやっている。爆発シーンもいつも同じ、栃木の採石場です。それでは迫力のある大がかりなアクションが作りにくい。

そこで時代劇です。時代劇には刀と馬があります。これを使って昔話の中でアクションをさせると、日本人が見ても違和感なく楽しめる。それが時代劇の大きな利点なのです。

たとえば黒澤明監督の映画『隠し砦《とりで》の三悪人』（一九五六年）。ここで主人公の三船敏郎《みふねとしろう》
（※黒澤も三船も、それ以降に出てくる人物たちも、どんな人なのかは後の章でちゃんと解説しま

すので、今は「そういう人がいるのか」くらいに思っておいてください）と敵が馬でチェイスを繰り広げます。しかも、馬上で刀と刀を合わせて斬り合う。壮絶なアクションシーンになっています。

あるいは一九六三年と二〇一〇年とで二度映画化された『十三人の刺客』という映画は、さまざまな罠《わな》や防御を巡らした巨大な砦に敵を誘い込み、たった十三人で二百名を迎え撃つという要塞《ようさい》攻防戦を展開させています。

そういう無茶なアクションをした場合、現代人がそれをやると「そんなことあるかい！」と嘘くさく見えてしまうこともあります。そういう時に「この人なら、たしかにできるだろう」と、観ていて納得できるだけのヒーローを出せるのも、時代劇の強みです。

たとえば『アベンジャーズ』に出てくるような特殊能力をもった異形のヒーローたち。これが現代の日本に出てきても浮くだけですが、時代劇なら成立します。なにもバットマンを出すこともありません。剣豪と忍者がいるので。

剣豪と忍者なら多少のことは許される。「忍者だから、まあ、こういうことができるよね」とか、「剣豪だから、このぐらい強くてもいいよね」と、無茶なアクションに対して免罪符になる。「過去の再現劇」ではなく、「過去を舞台にしたファンタジー」であるため、そういうことも通ってしまうわけです。

## ハリウッド大作ばりのアクション時代劇たち

時代劇はそういうことのできる器なので、ハリウッドの大作映画に負けないド迫力のアクションも可能になります。その具体例となる作品をいくつか紹介しますね。

一九六三年の映画『柳生《やぎゅう》武芸帳　片目の忍者』のクライマックスは、『プライベート・ライアン』で描かれたノルマンディー上陸作戦ばりの迫力です。

ノルマンディーに連合軍が上陸する際、待ち受けるドイツ軍は岸壁に要塞を築いて物凄《ものすご》い量の銃火器を装備させ、そこから降り注ぐように撃ってくる。これをどうやって突破していくのか――という場面が『プライベート・ライアン』の冒頭にあります。世界のアクション演出を変えたと言われる、物凄い迫力と臨場感あふれる場面です。

実はそれに引けをとらない場面が『片目の忍者』にあるんですよ。

江戸幕府に敵対する忍者たちが殿様と姫をさらって砦に立て籠《こ》もります。主人公の剣豪・柳生十兵衛《じゅうべえ》（近衛十四郎）は配下の忍者たちを率いて奪回に向かいます。

ところが敵は、忍者の侵入を防ぐために砦にある工夫をします。忍者は影を使っていろいろな術を使う。逆に言うと影がない場所なら何もできない。そこでだだっ広い野原にズドンと砦を築く。背後は断崖《だんがい》絶壁で、正面が野原に向いている。そして高い防壁を二重、三重に造って、何千丁もの鉄砲が待ち構えている。そこに柳生の忍者軍団が現れるのですが、まさにノルマンディー状態で、敵が砦からバンバン撃ち込んでくる。

それに対して、柳生の忍者たちも忍者の動きはしないんです。軍隊の兵士の動きをしています。ひたすら匍《ほ》匐《ふく》前進で迫ろうとする。そこに雨あられの勢いで撃ち込まれて、一人ずつ死んでいく。それで柳生がどう突破するかというと、一人が爆弾を抱え、それを他の忍者たちが囲み人間の盾になって防壁に突っ込んでいく。もう完全な戦争アクションです。そんな場面がラスト二十分も続きます。

身体を張った大がかりなアクションといえば、若山富三郎《わかやまとみさぶろう》主演の映画『子連れ狼』シリーズ、中でも一九七四年に作られたシリーズ最終作『地獄へ行くぞ！　大五郎《だいごろう》』が凄い。ラストのアクションは、トム・クルーズも敵《かな》わないのではないか――あるいはトム・クルーズにやってほしいというようなことをやっています。

このシリーズでも柳生軍団が出てくるのですが、今度は柳生軍団は敵に回って若山富三郎の演じる剣豪・拝一刀《おがみいっとう》を追ってくる。しかも、このラストでは雪山を舞台にスキーとソリで柳生軍団が襲ってくるんですよ。途中で小さなジャンプ台もつくられていて、それで跳びながら襲ってきたりする。

拝一刀は幼ない息子の大五郎と旅をしていて、大五郎を乳母車に乗せているわけですが

――この乳母車にはマシンガンが装備されていたりと万能兵器でして――雪上でも対応できるんですよ。

下にソリを装着して、それに乗って逃げる。乳母車ゾリで逃げる拝一刀、それをスキーで追う柳生忍者軍団によるスキー・チェイスシーン。しかも、彼らは滑りながら刀や槍《やり》を使って戦います。これがすごいアクションなんです。

途中、若山富三郎は乳母車の上に仁王立ちして戦います。すると、追いついた忍者スキー軍団が乳母車の両サイドに現れて、鎖を投げてくる。そして、その鎖が若山富三郎の両腕に絡みつくんです。

鎖に両腕を縛られ、大の字になって乳母車の上に立った状態で、乳母車ゾリとスキー軍団が雪山を滑り落ちていく。しかも、これをワンカットでやっています。

さらにこの状態でソリの上から引きずり落とされて、スクッと立ち上がって、すぐに刀を抜いて、この忍者二人を一気に斬り伏せる。ここもワンカット。命がけのアクションです。

いずれの作品も「柳生」という、「なんだかよく分からないけど凄く強そうな、しかも命知らずの人たち」がいるおかげで、味方に敵に上手《うま》く使いながら大がかりなアクションを成り立たせているわけです。

現代劇ではできないことができる

時代劇を作る理由、それは「現代劇ではできないこと」「時代劇だからこそできること」があるからなのです。

それはアクションの他にもたくさんあります。

現代劇の作り手にとって大きな問題なのは「文明の利器」です。たとえば登場人物がピンチに陥っても、観客は「携帯電話を使って助けを求めればいい」「電車や車で逃げればいい」「少し逃げればコンビニがあるだろうし」と思ってしまい、サスペンスのシチュエーションを描く際の枷《かせ》の選択肢は少なくなります。

その点、時代劇では枷は豊富です。助けを求める手段はほとんどないし、逃げようにも助けが来ようにも移動手段は徒歩と駕籠《かご》しかないから時間がかかります。そのため、どんな危機的状況に陥ったとしても、その場において自力で解決するしかない。結果的にサスペンスとしても盛り上がります。

それから、ドラマとしても現代劇では難しいような苛烈《かれつ》な葛藤《かっとう》を描くことができます。たとえば自然環境。当時は冷暖房はもちろんないし、庶民は家も衣服も粗末です。また、堤防などのインフラも整備されていません。そのため、寒さや雨風をしのぐだけでも大変なことであり、人間は過酷な自然環境と対峙《たいじ》し続けなければならない切迫した中にありました。

　また、人間同士においては厳然たる身分差の問題があります。そのため、身分違いの恋愛や友情など、最終的には対立した相克の中でしか帰結しない人間関係が描かれます。結婚にしても、当事者間ではなく家同士で決められていたため、好き合っている男女が結婚できないという悲恋へと繋《つな》がります。不倫に関しても「不義密通」は重罪でしたから、結婚している者が恋におちたりすると、それは同時に文字通りの命がけの恋になります。そのため、道徳観に縛られた純な恋愛は現代劇だと嘘くさいですが、時代劇だと切なく迫ってきます。それが、現代においてはファンタジーとしての魅力を放つ。

　それから、武士の中の身分差もあります。上の命令には絶対に逆らえないし、不満があるからといって組織やシステムから逸脱することは困難なことでした。家を出れば身分を失い生活ができなくなるからです。当時の貧乏は今と異なり、即、生死に関わる問題に直結します。だから、たとえつらくとも耐えて生きていくしかありません。

　時代劇の舞台となるのは、とにかく逃げ場のない時代だったのです。だからこそ、個人と社会（組織）、男と女、道徳と個人など、さまざまな相克が命を懸けた激しさを伴ってくる。結果、ドラマとして濃密なものになります。

　サスペンス、アクション、ドラマ……時代劇は優れたエンターテイメントの表現手段なのです。

## 現代批判の風刺性

そして何よりの大きな強みとして、現代の社会問題を盛り込める――という点があります。つまり、現代劇としていまの社会問題を取り上げると生々しくなってしまうことでも、時代劇というフィルターを通すことで「いや、これは昔のことですから」と逃げられるわけです。

実は、江戸時代から既に「現代では描きにくいことを過去の物語に仮託して描く」という手法がありました。あとで詳しく述べますが、「忠臣蔵」がそれです。

「忠臣蔵」の元になる、元・赤穂《あこう》藩の浪士たちによる吉良《きら》邸への討ち入りは、江戸時代の実際に起きた事件です。赤穂浪士・四十七人が吉良上野介《こうずけのすけ》の家に乗り込んで討ち果たすわけですが、当時は平和な元禄《げんろく》時代。今でいうテロ的な襲撃事件です。

これを当時、そのまま劇でやると幕府批判になるわけです。しかも「騒乱を起こして吉良上野介を討ち果たす」という犯罪者を肯定的に描いたら、それはもう取り締まりの対象です。

そこで、時代を南北朝時代に置き換えました。吉良上野介を高師直《こうのもろなお》という、足利尊氏《あしかがたかうじ》の執事だった人間に替え、赤穂藩から伯州《はくしゅう》の物語に変える。大石内蔵助《おおいしくらのすけ》も大星由良之助《おおぼしゆらのすけ》という架空の武将に替えて、「これは南北朝時代の話ですよ」「しかも架空の人物の物語ですよ」ということにしました。こうした、「過去に舞台を移すことで、オブラートに包んで現代批判をする」という手法は伝統的にありました。

映画の世界で時代劇が大きなブームになるのは、大正末期から昭和にかけてです。この時代には、治安維持法によって政府批判の言論や表現に対して厳しい取り締まりが行われるようになっていました。その一方で農村を中心に飢饉《ききん》は続くし、工場の労働者はひたすら貧しく、貧富の差は開く一方。

といって、現代劇でその状況を批判的にやってしまえば捕まってしまう。そこで登場したのが、「傾向映画」という時代劇でした。たとえば、悪代官からの重税に苦しんでいる農民たちを救うために侍やヤクザが立ち上がるとか、そういう話を作りながら、現代に対する不満や批判を江戸時代に仮託し、庶民の怒りを掬《すく》いあげていきました。

そうした作品は戦後になってからもあります。たとえばテレビ時代劇『必殺からくり人』（一九八六年）に、こんなエピソードがあります。越後《えちご》の貧しい村で育った人間が、悪事を重ねながら江戸に辿《たど》り着き、江戸で「闇公方《くぼう》」と言われる地位にまで昇りつめる。そして、かつて越後でひどい目に遭った人が「闇公方を殺してほしい」と「からくり人」という殺し屋チームに依頼します。

この「闇公方」って、ロッキード事件で逮捕された元総理、田中角栄《たなかかくえい》がモデルなんですよ。当時の大権力者です。現代劇で田中角栄そのものや、それと思《おぼ》しき人物を殺す話はいろいろと問題が起きます。でも時代劇なら田中角栄っぽい人間を殺す――ということでエンターテイメントとして成り立つわけです。

時代劇には「悪代官」「悪徳商人」が悪役としてよく出てきます。それは実際に江戸時代にそういうのがたくさんいた――というより、そうした人間に対する現代の庶民の怒りがぶつけられているわけです。

近年でいえば高畑勲《たかはたいさお》監督のアニメ映画『かぐや姫の物語』もそうです。現代女性の生きにくさ、男社会への退屈や絶望を平安《へいあん》時代の「かぐや姫」に仮託して描いている。

時代劇という表現の豊かさがお分かりいただけると幸いです。時代劇は「ファンタジー」であると同時に「現代の物語」でもあるのです。

# 第二部　時代劇の歩み

# 第一章　戦前の時代劇

## 最初のスター・尾上松之助　一八九七年～一九一〇年代

この章では時代劇がいかなる歩みを積み重ねてきたのか、その歴史を概説していきます。

それなりに詳しく語ることになりますが、くれぐれも「全て覚えよう」とは思わないでください。とりあえず、なんとなく読んでください。「へえ、こんなことがあったんだ」「こういう人がいて、こういう作品があったんだ」と読物として触れてくれればいいです。

それで、後になって作品とかを観るようになった時、「あの俳優・監督ってどういう位置づけなんだろう」「この作品はどういう背景で作られたんだろう」と気になった際に、その前後とかを改めて読み返す——というのがいいかな、と。

まず、映画はいつ始まったのかという話から。

日本に輸入されたのが一八九七年（明治三十年）。当初は主に歌舞伎などの舞台を撮影したフィルムを上映していました。大きく変わるのが一九〇八年。牧野省三《まきのしょうぞう》という日本で最初の映画監督が登場し、『本能寺合戦《ほんのうじ》』という作品が撮られます。牧野省三は京都の千本座《せんぼんざ》という芝居小屋の座長でした。ここに興行主が、「劇のある映画を撮ってくれ」と依頼したところから、自分の座にいる役者たちを使って撮ったのが『本能寺合戦』でした。

そして、牧野は次に「映画スター」を求めるようになります。歌舞伎が役者の名前の看板で客が入るのと同じように、映画もスターの看板で客が入るようにしよう、と。

そこで牧野は、たまたま千本座に公演に来た劇団の一人の役者に目をつけます。背は低いけれど運動能力は高く、小回りがきく。そこでスカウトし、デビューさせたのが、尾上松之助《おのえまつのすけ》という役者でした。松之助はこのとき三十四歳。いまから考えれば結構な年齢ですが、彼が最初の映画スターになります。

松之助は物凄《ものすご》く人気を博します。目をギョロッとさせる芝居が特に評判で、「目玉のまっちゃん」というあだ名をつけられました。そして生涯で一千本の映画に出演します。一九〇九年にデビューして、一九二六年に亡くなりますから、一年平均で六十本ぐらい出ている。

当時の映画はどういう人に愛されていたかというと、主にブルーカラー層です。工場の女工さん、炭鉱や工場で働いている男性、あるいは、商家に丁稚《でっち》で来ている子供たち。映画は安い値段でいつでも観られる娯楽として人気を博しました。それまで旅芝居というのがありましたが、一座がそこに来ないと観られなかった。歌舞伎はある程度の富裕層が観るもので、庶民はなかなか観られなかった。そこに、貧しい人たちがいつでも観られる娯楽として映画が現れたわけです。

一九一〇年代。そうした人たちに向けて作られ、人気となったのが忍術映画でした。当時、立川《たつかわ》文庫という出版社というかレーベルが登場します。ここでは『真田《さなだ》十勇士』や『猿飛《さるとび》佐助《すけ》』など、忍者が奇想天外な活躍をする忍術ものの小説をたくさん出し、ブームになっていきます。そして、それを原作にしたヒーロー映画を、尾上松之助主演、牧野省三監督で撮っていくわけです。

メインの客層が求めるテイストに合わせ、あまり複雑なストーリーではなくて、絶対的に強くて正しいヒーローが悪を痛快に倒す——というのが基本的な構造です。観客は普段の仕事が辛《つら》い人たち、生活が苦しい人たちなので、ファンタジーの世界に浸り、ヒーローの活躍に喝采《かっさい》し、嫌な現実を忘れてスカッとできる作品を求めました。

特に人気を博したのが忍術映画でした。代表的なのは一九二一年に牧野が監督した『豪傑児雷也』で、松之助が印を結ぶと煙がたちこめてきて、煙が消えるとカエルに変身している。それぞれ別に撮ったフィルムを繋《つな》いで一つの流れに見せるという編集技術によるシンプルな特撮です。そういう編集のトリックによる忍術映画が大人気を博していきました。

## 「時代劇」の誕生　一九二三年〜

こうした映画は当時は「時代劇」ではなく「旧劇」と呼ばれていました。「旧劇」と「時代劇」の違いについては、前章をお読みください。一九二三年、野村芳亭《のむらほうてい》監督・伊藤大輔《いとうだいすけ》脚本による『女と海賊』という作品で「新時代劇」という呼称が生まれ、それが「時代劇」として定着していくことになります。

そして、この年に関東大震災が起きます。この時、東京の向島《むこうじま》にあった日活の撮影所が被害を受けてしまい、映画が撮れなくなるわけです。そこで活躍していた溝口健二《みぞぐちけんじ》や稲垣浩《いながきひろし》といった気鋭の監督たちは京都へ移り住んで時代劇を撮ることになります。

実は「時代劇」の手法で撮っていたのはまだ東京だけで、京都は「旧劇」のままでした。ここに東京から監督たちが移っていったことで、京都も一気に「時代劇」化が進みます。

松之助をデビューさせて旧劇のブームを生み出した牧野省三監督も、そうした新時代の到来に合わせて新しいスターが必要だと考えるようになります。そこに登場してきたのが阪東《ばんどう》妻三郎《つまさぶろう》、——田村正和《たむらまさかず》のお父さんに当たる役者でした。彼は持ち前の二枚目の面立ちに加え、卓越した演技力や運動能力により、新時代のスターとなりました。

「時代劇」の時代になって注目されるようになったのが、脚本家の存在です。「旧劇」では、ヒーローが活躍すればそれでよかったこと、それから映画館で弁士たちが自分たちの解釈で物語を変えることもあったこと、などから脚本家は注目される存在ではありませんでした。脚本なしで撮られるケースもあったといわれています。

「時代劇」にはちゃんとしたストーリーやドラマが必要です。そこで脚本家がクローズアップされていくことになります。『女と海賊』の脚本を書いた伊藤大輔や、阪東妻三郎の代表作『雄呂血《おろち》』（一九二五年）という時代劇を書いた寿々喜多呂九平《すすきたろくへい》などがそれです。

そして、技術的だけでなく内容的にも大きな変化が起きます。

これまでは絶対的に強くて正しいヒーローの活躍だけを描いていましたが、そこに写実的な人物描写、リアルな内面描写が加わります。人間の苦しみや悲しみ、あるいは弱さ。特にこの時期多かったのは、敗れていく人間のニヒリズムというものが描かれる。

『雄呂血』がその代表作です。浪人役の阪東妻三郎は最後に大チャンバラをやる。無数の捕り手たちを相手に戦います。これは活劇アクションとしても面白いのですが、ドラマとしても素晴らしい。というのも、主人公は最終的には敗れてしまう。激しいアクションの中に人間の悲壮感が描かれているのです。

## 反体制時代劇　一九二七年～

この時代、現代の社会状況などを取り入れた「時代劇」が作られています。

当時は貧富の差がものすごく大きくなっていました。そうした中で、政治体制であったり、社会のあり方であったりに対し、庶民に不満や怒りが生まれていきます。そして、作り手や観客は時代劇の主人公たちにその想いを託すことになる。

後の時代に至っていくまで、時代劇の悪役に代官、旗本、大商人といった権力者や金持ちが多いのはそのためです。そしてこの時期に作られた時代劇の主人公は絶えず反体制、アウトロー側にいます。ヤクザや浪人。

そのため武士道の描き方も、懐疑的な作品が多かった。時代劇というと「古き良き日本人の精神」みたいな感じで語られることもあり、その場合は忠誠心や自己犠牲が時代劇の基盤にある——という話になっていきます。でも、「時代劇」という名称が定着した初期の頃は、その正反対だったわけです。

ここで登場するのが伊藤大輔監督です。『下郎』（一九二七年）『忠次《ちゅうじ》旅日記』（一九二七年）『新版大岡政談』（一九二八年）など、彼の作品に共通しているのは、信じていたものに裏切られてしまい、敗れていく主人公の悲劇です。『忠次旅日記』は、国定忠治という侠客《きょうかく》が次々と子分たちに裏切られていく話。『大岡政談』の主人公は丹下左膳《たんげさぜん》という男ですが、殿のために戦っていると思ったら、結局、藩主に裏切られて命を失ってしまうという話。『下郎』も、殿のために仇討《あだうち》をしようと思ったら、殿が裏で敵側と手を組んでいて裏切られる話。

武士道や自己犠牲は空しいものだと伝えてくる作品です。

前の章でも書きましたが、この時期は治安維持法が制定されて、国家による言論統制が厳しくなっていきました。そのため大っぴらに政治批判、社会批判がやりにくい。そこで「時代劇」という「昔話」のオブラートに包んで表現していったわけです。

こうしたニヒリズム時代劇の流行をリードした伊藤大輔監督はほかにも、『斬人斬馬《ざんじんざんば》剣《けん》』（一九二九年）や『一殺多生剣』（一九二九年）といった、下級武士たちが体制に反抗していく話を撮りました。『斬人斬馬剣』は、農民たちと下級武士が組んで悪代官を倒す内容。いま考えれば普通の時代劇かもしれませんが、当時からすると、農民たちの革命の話です。苦しい生活をしている農民たちが、資本家を倒すという、かなり左翼的イデオロギーの込められた作品ですが、こういうのは時代劇だから許されたわけです。

こうした反体制的な作品を次々と生み出していった伊藤は当時の庶民から人気を集め、映画館で名前がクレジットされただけで拍手喝采が起きたといわれています。監督でありながらスター的な人気があった。それだけ、こうした時代劇が求められていました。

この大正の終わりから昭和初期にかけて（一九二〇年代後半）は、第一次黄金時代と言ってもよいと思います。このときに、時代劇ブームの中で阪東妻三郎を筆頭に「六大スター」が誕生します。阪東妻三郎、大河内傳次郎《おおこうちでんじろう》、林長二郎《はやしちょうじろう》（後の長谷川一夫《はせがわかずお》）、嵐寛寿郎、片岡千《かたおかち》

恵蔵《えぞう》、市川右太衛門《いちかわうたえもん》。（※彼ら一人一人については後の章で解説します）

ただ、だんだんとそうした表現が許されなくなっていく時代になります。

この後、一九九〇年代あたりまで続くのですが、時代劇の内容の大まかな傾向は何年かおきに大きな揺れ動きがあります。ヒロイズムとニヒリズム。体制と反体制。時代劇は何年かごとにその両者の間を動きながら、時を経てきました。

## 山中貞雄の登場　一九三五年～

「旧劇」時代は尾上松之助の時代は圧倒的な強さの正義のヒーローが描かれていたのが、「時代劇」に呼称が変わってしばらくは反体制・非体制の立場でしかも敗れていく主人公たちが登場します。

二度目の揺れ動きが起きたのは、一九三〇年代に入ったころです。

一九三一年に満州《まんしゅう》事変が始まり、日本は中国進出を本格化させて国全体として軍国主義的な流れが強まっていきます。そうした中で左翼的な運動は徹底的に弾圧されるようになっていく。同時に、言論の自由、表現の自由もさらに制限される時代になって、映画の内容が国に検閲されるようになっていきます。そうした中で、再びヒーロー時代劇が主流になっていきました。

その結果、「時代劇を借りた現代批判」ができなくなります。

ただ、そう簡単には作り手たちも折れませんでした。悲劇がダメなら、喜劇にしていく。権力批判や農民たちの窮状をシリアスに訴えるのではなく、庶民の視点から笑い飛ばそうじゃないかという感じで、軽いタッチの作品が生まれてくる。監督では山中貞雄《やまなかさだお》、伊丹万作《いたみまんさく》、俳優では片岡千恵蔵がそれを主導していきます。

代表的な作品は山中が大河内傳次郎主演で撮った『丹下左膳餘話 百萬両の壺《つぼ》』（一九三五年）。伊藤大輔監督の『大岡政談』で丹下左膳は自分の藩に裏切られる形で片目、片腕を失うという悲劇の男でした。ところが、この異形性がキャラクターとしてユニークだということで、コメディとして描かれることになります。そして、少年と一緒に一つの壺を巡って藩と争う様を徹底して軽いタッチで描いていく。

同じく山中の『河内山宗俊《こうちやまそうしゅん》』（一九三六年）もそうです。権力者の秘密を聞きつけては金を脅し取る坊主が、悪政を続ける老中をアウトローたちと組んで懲らしめていく。いずれもパロディ化して現代を風刺的に笑い飛ばすというやり方をしています。

## 戦時下の時代劇　一九三七年〜

一九三七年に日中戦争が始まる前後から、日本の軍国主義が強くなり、国全体が戦争に向かって動いていくことになる。そういう世の中になると、娯楽などというものは不謹慎だという話になっていきます。

「お国のために兵隊さんたちが戦っているのに、映画なんか観ているとは何事だ」という。映画館が一日に上映できる時間が三時間に制限されてしまいます。また、山中貞雄監督は徴兵されて中国の戦地で病死してしまう。戦争の影響が映画におよび、時代劇もその波を受けてしまいました。

一九三九年には「映画法」が制定され、映画製作は完全に国の管理下に置かれます。どういう法律かというと、俳優、監督、カメラマンは登録制になりました。国から鑑札を貰《もら》って初めて仕事ができる。つまり、国から認められなかった人は監督、俳優、カメラマンができない。国から少しでも目をつけられたり、反抗的な態度を取ったら、廃業せざるを得ないことになるので、命令には絶対従わないといけない。

さらに、シナリオに事前検閲が行われるようになって、一行でも体制に反抗的なもの、戦争に対して批判的な表現があれば、細かくチェックされ削除されていきました。

この時期に作られた映画が「国策映画」です。ようは、戦争を遂行していく上で国威高揚を目的とした映画を作る。それが映画に義務付けられました。

つまり、「国のため、戦争に勝つために私も尽くしたい」と思わせるような映画を作る必要があり、時代劇はそれに利用されます。そして主流となっていったのは「歴史劇」でした。主君に忠誠を尽くした歴史上の人物たちを英雄として扱う作品が多く作られるようになります。

『川中島《かわなかじま》合戦』（一九四一年）は武田信玄に忠誠を尽くす家臣たちの話。あるいは、日本の対中国への進出、あるいは、東南アジアへの進出を正当化する意味があるので、『阿片《あへん》戦争』（一九四三年）が作られた。いかにイギリスが中国に対してひどいことをやってきたかをアピールする映画だったわけです。

明治維新をどう正当化するか。日本の植民地政策や中国進出をどう正当化するか。そのために便利だったのが「武士道」でした。それまでの時代劇では批判の対象だった「武士道」ですが、主君のために命を懸けるという自己犠牲の精神といったものを盛り込んでいくことで、武士道精神、愛国心を謳《うた》い上げる映画が登場していきました。

# 第二章　戦後の黄金時代

## ＧＨＱの統制　太平洋戦争後

日本は戦争に負けます。敗戦により映画界はようやく軍国日本の検閲から解放されます。が、時代劇の難局は続きました。

次に始まったのが、代わって日本を占領統治したＧＨＱによる検閲でした。ＧＨＱと映画界は「映画検閲に関する覚書」を交わすわけですが、これが時代劇に直撃します。

ＧＨＱの方針は、「映画は日本の民主化に協力すべし」でした。軍国主義、封建主義だった日本を民主化していくことが大方針であり、農地改革や財閥解体、選挙制度の改正が行われるわけですが、そうした民主化に映画は協力しなければならない。

結局、戦前・戦中は「愛国心を盛り上げる方向に国民を扇動するために映画を作れ」と言われていたのが、戦後は「民主化は素晴らしいと伝えるために映画をやれ」ということで、作り手の思想ではなくて、統治者の思想を体現するだけの道具としての立場を映画は強制されていたわけです。

そして、ＧＨＱには「時代劇は日本の民主化のために好ましくない」と判断されてしまいます。舞台となる江戸時代の武士道や封建主義が、日本の民主化を阻害するということです。ちゃんと観てもらえれば、そうでもない作品も多いのですが——。ＧＨＱも「食わず嫌い」していたわけですね。

もう一つ問題となったのは、チャンバラです。ようは、ヒーローが刀をもって悪を倒す。これがＧＨＱには「個人的復讐《ふくしゅう》が法律にとって代わることを許容している」と映ってしまったわけです。民主主義国家においては、正当な手続きで逮捕して裁判にかけて、刑に服させる。それが犯罪に対する刑罰です。それをこれから浸透させていきたいのに、「刀で斬ってめでたし」ではいけない、と。つまり、時代劇は非民主的であるとレッテルを貼られてしまったわけです。

### 戦後統制下での製作　一九四六年〜

ということで、各映画会社は時代劇において仇討《あだうち》や義憤による成敗を自粛するようになります。ただ、それがダメだと言われると、刀を抜く理由がほとんどなくなるわけです。そして、チャンバラ表現から実質的に撤退せざるを得なくなる。

この時期に作られた時代劇は、たしかに民主化に向けてのプロパガンダの色合いが強く出ています。

たとえば、松田定次《まつださだつぐ》監督の『国定忠治』（一九四六年）。忠治は実際に上州にいた侠客《きょうかく》です。彼が何をやったかというと、貧しい農民たちのために、米を蓄えている代官屋敷を襲って農民たちに分け与えた結果、幕府に追われて、逃げて、そして処刑される。そのため、ヤクザだけれども義侠の男＝ヒーローとして人気の高かったキャラクターですが、これが違う話に書き換えられてしまいます。

農民たちが貧しいことは確かですが、農民たちの窮状を訴えるために、国定忠治は代官屋敷ではなく江戸に出ます。上州の特産物である繭を買い上げる助成金を幕府に出してもらうための交渉をする――という。暴力を否定して正規のルートで交渉する。その代理人として国定忠治が出てくるという、まさに民主化啓蒙《けいもう》のための映画なわけです。

ただ、内容を制限された上に製作本数も制限されていたので、片岡千恵蔵や市川右太衛門といった時代劇スターたちは現代劇に挑戦することになります。片岡千恵蔵の「多羅尾伴内《たらおばんない》」シリーズという探偵ものがその代表例で、拳銃《けんじゅう》に洋装でアクションをする。

そういう形で、時代劇というのは徹底的に規制されていたのがＧＨＱ統治下でした。

## 時代劇の戦後復興　一九五一年～

一九五一年、日本はサンフランシスコ講和条約で独立を回復、ようやく独自に映画製作ができるようになります。そして、徐々に時代劇表現への規制も解禁されていきました。

観客は熱狂的に時代劇の復活を歓迎しました。

その背景には、戦時中を含めれば二十年近くも、権力の規制により存分な娯楽時代劇を新作で観ることができなかったことへのフラストレーションもありました。それと、もう一つ。街はまだ戦後復興の途中で、アメリカの空爆による焼け野原が数多く残っている状態でした。なので、観客は映画を観ている時くらいはそんな現実を見たくないわけです。そうなると時代劇に映し出されるファンタジー空間が心地よいわけです。

そうした中で、海外の映画祭で時代劇が高い評価を受けます。一九五〇年、黒澤明監督の『羅生門《らしょうもん》』がベネチア国際映画祭でグランプリを取ります。これが当時としては大ニュースでした。戦争で完膚なきまでに負けた日本が、再び世界に打って出て栄冠を手に入れたという。当時の日本人の多くはベネチア国際映画祭を知りません。グランプリがすごいかどうかもわからない時代。それでも全国が沸きに沸いた。

その後も、衣笠貞之助《きぬがさていのすけ》監督の『地獄門』がカンヌ国際映画祭グランプリを取ったり、溝口健二監督の『雨月《うげつ》物語』『山椒大夫《さんしょうだゆう》』がベネチアで取ったり——と、五〇年代前半に、時代劇が世界に認められることで、日本の敗戦国としてのコンプレックスや敗北感を癒《いや》してくれたわけです。

ファンタジー空間としての癒し方もあれば、海外の映画祭でグランプリを取るという癒し方もあり、時代劇に対する国民の気運がここで大きく高まっていく。こうして、検閲の縛りから解放された時代劇は躍動していきます。

そして、第二の黄金期とも言えるブームが始まります。

## 空前のブーム　一九五〇年代

一九五〇年代になると、戦後の新しいスターたちが登場します。

一九五四年に大映の『花の白虎隊』が公開されて、市川雷蔵《いちかわらいぞう》、勝新太郎の二人が同期デビューを果たします。そして同年、東映の『新諸国物語　笛吹童子』で主演した東千代之介《あずまちよのすけ》、中村錦之助《なかむらきんのすけ》（後の萬屋錦之介《よろずやきんのすけ》）の二人が子供たちのアイドルになっていく。

勝新太郎はここから十年ほど出遅れますが、雷蔵、千代之介、錦之助、さらに少し後にデビューした東映の大川橋蔵《おおかわはしぞう》はいずれも若い美剣士役で人気を博し、「二スケ二ゾウ」と呼ばれていました。

その対極に、同じく戦後に現れたスターとして三船敏郎がいます。彼はワイルドで男くさい。映画デビューからしばらくは現代劇に出ていましたが、『羅生門』での隆々たる肉体と野性味あふれる風貌《ふうぼう》と動きにより、それまでの日本人にはなかった荒々しく骨太なイメージを確立していきます。そして、これまた五四年に黒澤明監督の『七人の侍』に主演したことで、そのイメージは決定的なものになりました。

こうして五〇年代は時代劇に大ブームが起き、とにかく時代劇を作れば当たる時代になっていきます。新世代のスターたちの台頭と、戦前からのスターたちの復活により、新世代と旧世代が入り乱れる形になって、量においても質においても、興行成績においても、一九五四年から五〇年代後半は史上最高の時代になっていく。

製作本数もすごい。一九五〇年の段階では、時代劇の製作本数は年間五十本でした。それでも五十本作られたわけですが。それが、一九五五年になると百七十四本になります。一九六〇年までだいたい百七十本前後が続いていきます。

年間の配収ベストテンも、毎年のように、ベストテンのうち半分は時代劇です。一九五四年は四本、五五年は五本、五六年は四本、五七年は五本、五八年は五本、五九年は五本、六〇年は五本。絶えず半分は時代劇という状況でした。

## 東映と東宝　一九六〇年〜

特にこの時期の時代劇を引っ張った映画会社が東映です。

東映はパターン的なヒーロー時代劇を中心に作っていました。いかにヒーローを強く、カッコよく見せるか。理屈抜きに明朗でわかりやすいストーリーで『遠山の金さん』シリーズや『水戸黄門』シリーズなどを作っていく。これが当たりに当たって、東映の京都撮影所では年間に百本ぐらいの時代劇映画が撮られることになります。

それに対抗するように登場したのが一九六一年の『用心棒』と六二年の『椿三十郎《つばきさんじゅうろう》』でした。いずれも黒澤明監督、三船敏郎主演による東宝の時代劇です。

時に人を裏切ったり、騙《だま》したりする主人公を三船敏郎が演じています。東映の主人公は、みんなパリッとして綺麗《きれい》な化粧をしていたのが、三船は薄汚れた浪人の恰好《かっこう》をして、髭《ひげ》モジャで、野性味溢《あふ》れた主人公。全てで東映時代劇の逆をやりました。

アクションもそうです。東映時代劇の殺陣《たて》は様式的な美しさが売りでしたが、そのぶん斬られる痛み、斬る迫力が伝わらないものになっていました。それをリアルなアクションとして前進させようとしたのが黒澤明と三船敏郎だった。

つまり、斬られた痛みと、刀の重みが伝わる殺陣を作る。『用心棒』には三船敏郎扮《ふん》する三十郎の「斬られりゃ痛いぞ」という台詞《せりふ》があります。この時期の東映の時代劇を観ていると、斬られても痛く見えない。それに対するこの台詞は、『用心棒』の一つの思想といえます。斬られりゃ痛い。それが伝わる立ち回りでした。

黒澤明は、「いままでのチャンバラを見ていると、斬られるのを待っているみたいに呑気《のんき》でしょう。とにかく一回、本式の立ち回りをやってみようじゃないか」と言っています。

それから、「刀を持つ怖さ。無意味な殺し合いの儚《はかな》さを出したいので、斬られた人間の苦痛に歪《ゆが》む姿を中心に撮ってみようと思っています」とも。

当時の東映の時代劇は、バサッと斬られたら、ワッと倒れて終わりですが、黒澤は斬られた人間がのたうち回っていたり、苦悶《くもん》に表情が歪んだりというところまで見せようとします。「斬られ役の人間は、斬られに行くな。斬りに行け」。主人公に斬られに行く、段取りをやっているだけの立ち回りじゃなくて、斬りに行った結果、斬られるという発想で、演技に迫力を持たせるということです。殺陣師に黒澤明が言っていたのは、「それじゃあ、人は死なないよ」と。ちゃんと人が死ぬる斬り方をする殺陣を作っていきました。

その生々しい迫力を見たら、刺激的だしカッコいい。それでいままでの殺陣が生ぬるく感じられてもう見られなくなってくる。

これが決定打になり、ただでさえ量産のし過ぎで飽きられつつあった東映の時代劇から観客は一気に離れていきます。

牧野省三が「旧劇」として始め、伊藤大輔監督たちが「時代劇」として進化させ、それを黒澤明が近代的なアクションにしていきました。大雑把な分け方になりますが、「とりあえず」そういう理解をしておくと分かりやすいと思います。

# 第三章　映画の衰退、テレビの登場

## 黒澤以降の時代劇　一九六二年〜

『用心棒』『椿三十郎』を経て、一九六二年は新しい時代劇が次々と生まれていきます。

大映では勝新太郎主演の『座頭市《ざとういち》物語』が作られました。主人公は盲目の按摩《あんま》でありながら、実は居合の名人という設定です。かなりアウトローのにおいが強い。ドラマ自体も、差別を受けて悲しみを背負いながら戦っていく姿を描く。そして最後は斬りたくない友を斬ってしまう。

同じ大映では市川雷蔵主演の『忍びの者』もあります。伊賀《いが》の忍者で、上役に言われるまま道具のように使われる。しかも命じた上の人間が実は悪いヤツで、主人公は人間の自由とは何か、組織とは何か——悩み苦しむ。

あるいは、仲代達矢《なかだいたつや》主演の『切腹』も、竹光で切腹するシーンを残酷に映したり、主人公一家に訪れる悲劇が容赦なかったりします。

つまり、時代劇は華麗で美しくヒロイックなものからリアルで残酷な方向に大きく変わっていく。そのあおりを受けたのが、華麗で美しい時代劇を作り続けてきた東映でした。これまで隆盛を極めていたのが、全く当たらなくなっていきます。

スターのあり方も変わってくる。これまでのスターは二枚目の美剣士だったわけです。それに対して、三船敏郎、勝新太郎のような、ワイルドな人たち、アクションができる人たち、アウトローの陰のある人たちが出てきた。美しい二枚目を演じてきた雷蔵も『忍びの者』『眠狂四郎《ねむりきょうしろう》』（一九六三年〜）と陰の強いキャラクターを演じるようになり、同じく錦之助も、『武士道残酷物語』（一九六三年）などで重々しい悲劇に挑戦していきます。

## テレビの台頭　一九六二年〜

一九六二年を端境期に、時代劇の在り方は一八〇度変わっていきました。

そして時代劇史を振り返る上で、六二年前後というのはもう一つの大きな潮流が生まれた年です。それは、テレビの台頭です。ここまでは映画のみに絞って時代劇の歩みを語ってきましたが、いよいよテレビが重要な役割を果たすようになってきます。

テレビは一九五三年から放送が開始されましたが、当時はまだＶＴＲがなかったので、テレビドラマ、時代劇ですら生放送でした。お金もないし、セットも粗末だったし、技術もない時代です。

さらに、映画会社大手五社が、自社に所属するスタッフ・キャストの引き抜き・貸出を互いに禁止する「五社協定」を結んでいたせいで、テレビはその煽《あお》りを食らうわけです。つまり、スタッフもキャストも映画会社に所属している人を使えない。だから、全てをゼロか新たに築いていくしかありませんでした。

ただ、経済成長が続く中でテレビを購入する家庭は増えていき、一九五九年の「皇太子ご成婚」の生中継で爆発的に普及します。産業として拡大したことで大口の番組スポンサーもつくようになり、番組予算も増えていきます。

また、ビデオ撮影が可能になったことで生放送だけでなく「収録」「編集」も可能になりました。それにより、表現の幅も大きく広がります。

そうした流れの中で、六三年にテレビの時代劇を大きく前進させる作品が二つ現れます。

一つはNHK大河ドラマ。第一作となる『花の生涯』の放送開始がこの年の四月でした。松竹のトップスターだった佐田《さだ》啓二《けいじ》を担ぎ出すなどの豪華キャスト、しかも年末までの毎週の放送というのは当時では前代未聞のプロジェクトでした。これを成し遂げた上に翌年の『赤穂浪士』では時代劇スターの長谷川一夫が主演、これが大ヒットしたことで、日曜のNHK夜八時は今に至るまでの国民的な番組枠として関心をもたれるようになっていきます。

映画での時代劇の衰退と反比例するように、テレビの時代劇が大衆娯楽の真ん中へと躍り出たわけです。

大河の始まりと歩みは大事なことですので、別の章にて改めて詳細に述べます。

もう一つ大きな作品がありました。それがフジテレビの『三匹の侍』。後に映画監督としても活躍することになる、当時フジテレビのディレクターだった五社英雄の送り出した連続時代劇です。

五社監督は、何とかしてテレビで黒澤明に負けないだけの迫力の時代劇を作れないかと考えます。でも、予算もスケールも技術も、何もかも及ばない。

映像で敵《かな》わないのなら、音で勝負しようとします。殺陣《たて》で刀と刀が合わさる時に聞こえる「カキン、カキン、カキン」という効果音でした。今でこそ当たり前の手法ですが、実はこの作品で開発したものでした。当時のテレビは、今と違って画面が小さく、画質も受像状態も良くない。だから映像では映画と勝負できないわけです。そこで効果音を入れることで臨場感を出し、迫力をもたせようとしました。

これのヒットにより五社の名前は一躍世間に轟《とどろ》いたのと同時に、「三匹」を演じた丹波《たんば》哲《てつ》郎《ろう》、平幹《ひらみきじ》二朗《ろう》、長門勇《ながといさむ》はスターになっていきます。テレビからもスターを生み出せる時代になったということです。

## 映画からテレビへ　一九六〇年代半ば〜

一方、時代劇は映画では衰退の一途をたどります。

五〇年代のブーム時代に作り過ぎたせいもあって、お客さんの動員数は落ちていく。それは時代劇に限らず、映画界全体で起きていた現象でした。六〇年代の半ばを前後して、とにかく観客動員の減少に歯止めがきかなくなっていきます。

映画は大正のころから半世紀近く、大衆娯楽の王様でした。そして、時代劇はその中心に位置していました。

が、テレビの登場そして、高度経済成長によるレジャーの多様化により、王座を追われます。マイカーブームも起きたことで週末に旅行に出かける人も増え、映画以外にも楽しみが出てきてしまった。

そして、ファミリー層が他のレジャーやテレビへ行ったことで、これまで時代劇の最大手だった東映が時代劇映画の製作から撤退、成人男性向けにシフトしてヤクザ映画を作り始めます。これが成功したことで、他社もこれに続きます。勝新太郎・市川雷蔵の二枚看板がなんとか機能していた大映だけが時代劇映画の量産を続けていました。

では、時代劇に出ていたスターたちや作っていたスタッフたちはどうなったのか——。彼らはテレビに移りました。映画と異なりテレビの世界では、時代劇の需要はどんどん高まっていたのです。

東映はＮＥＴ（今のテレビ朝日）と資本関係にあったことから、余剰人員ともいえる存在となっていた時代劇プロパーのスターやスタッフをテレビに移します。

そうした中から一九六五年以降、当時テレビ朝日の連続ドラマとしては最高視聴率を記録した『素浪人月影兵庫《つきかげひょうご》』（主演・近衛十四郎《このえじゅうしろう》）や、フジテレビで連続八百八十八回放送という金字塔を打ち立てた『銭形平次《ぜにがたへいじ》』（主演・大川橋蔵）といった大ヒット作が生まれていきました。

## 紋次郎の登場　一九七〇年代〜

こうして、七〇年代に入る頃には時代劇の主戦場は完全にテレビへ移っていきます。三船敏郎も勝新太郎も萬屋錦之介《よろずやきんのすけ》（中村錦之助から改名）も、戦後時代劇の黄金時代を築いたスターたちは、テレビを軸に活躍するようになりました。

この七〇年代は、テレビ時代劇の黄金期といえる時代かもしれません。

テレビでは大河ドラマなどの独自進化があり、そこに映画界からも人材が入ってくる。映画のほうは閉塞《へいそく》状態で、テレビには新しいメディアとしての可能性が満ちていた。それでいて産業としても拡大の一途にある。全てのエネルギーが集まった時代でした。

そしてドラマとしても娯楽としても秀逸な名作が次々と生み出されていきます。

その代表作はフジテレビの『木枯し紋次郎《もんじろう》』です。市川崑《いちかわこん》監督で中村敦夫《なかむらあつお》主演の渡世人ものです。あ、「渡世人もの」って何かは後でまたちゃんと説明しますので、ご安心を。

上州の貧しい村で育った男が流れ流れてヤクザになり、放浪の旅を続ける。そして行く先々でトラブルに巻き込まれていくという話です。これが実に「現代的」だった。

紋次郎は人から助けを求められても「あっしには関わりのねえことでござんす」と一度は背を向ける。つらい目にばかり遭ってきたから極度の人間不信にあるわけです。ずっと暗い陰を負っている。しかも、舞台となる情景もまさに「木枯し」。絶えず景色が枯れている。寒々しく荒涼とした風景の中で、殺伐とした物語が展開されていく。

放送当時は学生運動が失敗して反体制的な動きが退潮していました。それから、高度経済成長も公害問題などにより見直される動きが出てくる。つまり、日本全体を内省的な、ある種のニヒリズムが覆っていた時代でした。そういった世相にピッタリ合ったわけです。

これが夜の十時半スタートで、当時だと深夜枠だったにもかかわらず、高い視聴率を取って人気番組になります。これを皮切りにニヒリズムの時代劇が増えていくわけです。

『紋次郎』の裏番組として登場するのが、大阪のＡＢＣ朝日放送の『必殺仕掛人』。『紋次郎』打倒を掲げて夜十時から始まりました。

　これはお金を貰《もら》って人を殺す、裏稼業に生きる人々の話。緒形拳《おがたけん》扮《ふん》する藤枝梅安《ふじえだばいあん》は、表向きの仕事は鍼《はり》で人を治すわけですが、その鍼を使って裏で人を殺す。プロとしてターゲットをいかに仕留めるかというスリリングな展開と、裏稼業に生きる人間の業を描いたドラマが見事で、『紋次郎』以上の人気を博していきます。そして、続く『必殺仕置人』は奉行所の同心でありながら裏で殺し屋もやる中村主水《なかむらもんど》（藤田《ふじた》まこと）が登場。これがさらなる人気となり、「必殺」はシリーズとして歴史を刻んでいきます。

　そして七三年には日本テレビでは萬屋錦之介の主演で『子連れ狼』がスタート。これは既に若山富三郎主演の映画シリーズが大ヒットしていましたが、映画の方はド派手なアクションに主眼が置かれていました。それに対してテレビは、全てを失い幼い子供とともに刺客を請け負いながら復讐《ふくしゅう》のため旅を続ける主人公を、ハードボイルドな乾いたタッチと父子の情のドラマとで重層的に描き、幅広い層から支持されました。

　この三本のヒットを背景に、一九七〇年代半ば頃になると各局ともに週に二〜三の時代劇枠を設けてさまざまな作品が作られていくことになります。

# 第四章　パターン化とジャンルの後退

## 『水戸黄門』とテレビのパターン化　一九七〇年代〜

一九七〇年代、テレビの時代劇は量産されていきました。多い時で一週間に十六本の新作が作られるというすごい状況です。

そうなると、今度は一本一本を丁寧に作っていられなくなる。五〇年代に映画界が陥ったのと同じです。しかもテレビの場合はヒットしようがしまいが、スポンサーからテレビ局を通して制作会社に来るお金は変わらない。つまり、できるだけ安く早く撮った方が儲《もう》けの出るシステムなわけです。

そこで効率化が求められるようになる。そのためには物語をパターン化させた方がいい、となる。また、それだけたくさんの枠を埋められる題材もそうないですからね。それで結果的に、七〇年代後半から時代劇の物語がパターン化していきます。

その流れを決定づけたのが、ＴＢＳの『水戸黄門』でした。前の副将軍である水戸光圀《みつくに》が助《すけ》さんと格《かく》さんを従えて全国を旅して、行く先々の悪を懲らしめていく。で、印籠《いんろう》を出して頭を下げさせてメデタシメデタシ。そのワンパターン。

それでも六九年にスタートした頃は試行錯誤があって、一行が忍者に命を狙われたり、印籠が出ない話もあったのですが、なにせ電通が自ら制作陣に入っている番組ですから、シリーズを進めていくうちに視聴率を確実にとれる最適解を分析して探り当てていくわけです。それで「何分に何をやる」という完璧《かんぺき》に管理されたワンパターンのフォーマットが出来上がっていった。それが一九七〇年代後半ぐらいで、しかも計算が上手《うま》くはまって「お化け番組」と言われるぐらいの高視聴率を毎週たたき出してしまう。

で、一つ受けると右に倣えになるのが世の常でして。テレビ時代劇はことごとくワンパターンになっていきます。『水戸黄門』で確立された「優秀な権力者（あるいはそれに連なる血筋の者）が市井に交ざって（あるいは旅に出て）悪事を暴き解決する」という設定もこの時期に多く作られていきます。

その究極形が七八年に始まる『暴れん坊将軍』（テレビ朝日）です。最高権力者である将軍・徳川吉宗《とくがわよしむね》が自ら正体を隠して街の人々と暮らし、最後は単身で敵地へ乗り込んで大立ち回りをして事件解決。

こうしたワンパターンの作品は効率的に作れるので、毎週放送するテレビには向いているんですよね。しかも、視聴率も稼いでしまった。それで、時代劇は『水戸黄門』『暴れん坊将軍』系統へ一辺倒になったわけです。その結果、「古臭い」「勧善懲悪のワンパターン」というイメージが時代劇に植え付けられてしまいました。

ここまでの歩みをお読みいただくとお分かりいただけると思いますが、本当は時代劇って多種多様なんです。でもこの七〇年代後半から八〇年代にかけての約十年が「ほぼ一色」になってしまったことで、若い世代を時代劇から遠ざけることになり結果として今に至る衰退の要因となりました。

第一部で述べた「時代劇の食わず嫌い」のもとになる先入観は、まさにここで定着していきます。この時期に作られた作品の功罪が大きいということです。

## 八〇年代の紆余曲折　一九八〇年～

八〇年代に入るとテレビでは歌番組やバラエティ番組がどんどん新しくなり、次々と流行を生み出していきます。若い人たちはそちらに流れていく。時代劇は見向きもされなくなる。それで刺激的・挑戦的な作品はますます影をひそめ、たまに作っても当たらない。

それで八〇年代半ばになると各局とも時代劇の枠を減らし、確実に視聴率を取れるものだけが残っていきます。里見浩太朗《さとみこうたろう》の『長七郎《ちようしちろう》江戸日記』、TBSの『大岡越前』『水戸黄門』、テレビ朝日の『遠山の金さん』『暴れん坊将軍』。全て権力者側のヒーローたちです。それだけが残ったことで、時代劇のイメージはここで決定づけられました。

ただ、八〇年代の後半から少し流れに変化が生じます。

「バブル」が来て、お金が余っている時代になり、テレビ局にスポンサーが次々と参入してきます。これによって、テレビ局は一つの番組に多額の予算が組めるようになってきて、そして大型のスペシャル時代劇が作られていきます。

まずスタートを切ったのが、日本テレビ。八五年に「年末時代劇スペシャル」として十二月三十、三十一日の二夜連続で『忠臣蔵』をやります。さらに翌年には『白虎隊』。これが紅白の裏番組史上最高の視聴率となる一六％を取ることで、テレビ局は再び、時代劇のコンテンツとしての力に注目するようになります。

もう一つ大きかったのがＮＨＫの大河ドラマ。八〇年代半ばは近現代ものにシフトして時代劇路線から撤退していたのですが、八七年の『独眼竜政宗』で大々的に復活、これが内容も視聴率もどちらも素晴らしい結果となりました。

この流れに乗り、一時期は完全にバラエティやトレンディドラマといった軽薄短小路線にシフトして時代劇枠をなくしていたフジテレビも八九年に『鬼平犯科帳』で復活。当時のフジテレビのイメージとは正反対の大人のドラマを重厚に作り、これも大人気になっていきます。これまでテレビの時代劇で描かれなかった江戸の情緒や季節感を前面に出したことが、後の江戸再評価や江戸蘊蓄《うんちく》ブームの原点になります。

## テレビの壊滅　一九九〇年代〜

意欲的な作品が出てきて人気を集めると一気に量産されるようになり、そして今度はそのために飽きられる。時代劇の歩みは、ずっとその繰り返しでした。

今度もそうです。

八〇年代後半に始まったムーブメントを受け、九〇年代は再びテレビ時代劇が量産されていくようになります。それは結果として、現時点では最後となる繁栄でした。

八〇年代からの流れで、年末年始に大作時代劇をどの局も作るようになります。これが、視聴者無視ともいえる食い合いとなりました。

たとえば、一九九一年の正月。元日だけで同じ時間に三本作られていて、二日になると四本、スペシャルの大作時代劇、しかも四〜五時間の大作が裏表でぶつかっているという。このめちゃくちゃな状況が一九九一年から一九九四年まで続くわけです。クオリティもそうなると落ちてきて、お馴染《なじ》みのキャストで、お馴染みの題材で、となっていきます。そして――いままでは贅沢《ぜいたく》な話ですが、有り難みがなくなってくるわけです。それで視聴率も徐々に落ちていきます。

そして、決定打が突然出てくる。一九九四年に導入された個人視聴率調査が、民放の地上波テレビにおける時代劇への死刑宣告となりました。

これまで視聴率の調査は世帯ごとに行われていました。一家にテレビは一台の時代でしたから。ところが個人視聴の時代になってきたので、それに合わせて視聴率調査の方法も変化することになったのです。

結果、「どんな人がどのくらいその番組を観ているのか」が数字としてハッキリ出るようになりました。そして、時代劇は「ほぼ高齢者しか観ていない」というデータが出てしまいます。

ゴールデンタイムの番組につく大口のスポンサーは家電や車のメーカー、それから化粧品・食品会社です。彼らからすると、二十代・三十代・高くとも四十代くらいの視聴者に向けて広告を打ちたい。そうなると、時代劇は困るわけです。それで、大口スポンサーが離れていってしまいました。そして各テレビ局ともに時代劇枠を打ち切ったり、あまり条件のよくない枠に移したりして、冷遇していくことになります。そしてますます、時代劇は新しいファンを獲得する術《すべ》を失ってしまいました。

## 二一世紀の潮流　二〇〇〇年～

現状としては、地上波のテレビは引き続き壊滅的です。が、映画の方で少しずつですが本数は増えてきました。やはり、大がかりなエンターテイメント、ちょっと変わった設定のエンターテイメントをやるには時代劇が適していると気づき始めたようです。それから、二〇〇二年に山田洋次《やまだようじ》監督が撮った『たそがれ清兵衛《せいべえ》』の大ヒットに端を発する、日本の原風景や日本人の精神を見直そうというガッチリとした時代劇映画が年に一～二本くらいのペースで作られてはいます。

また、ＮＨＫも含めたＢＳやＣＳではオリジナルの時代劇も作られるようになってきました。ＢＳとＣＳは地上波より遥《はる》かに視聴者の年齢層が高いので、時代劇もコンテンツとしてありがたがられているという感じです。ただ、制作に予算がかかるので苦労はしていますが。

――というわけで、現在に至るまでの時代劇の歩みをザッと概観してみました。

次からはいよいよ具体的なテーマ論に入っていきます。

# 第三部

# とりあえず知っておきたい基礎知識

# 第一章　とりあえず知っておきたい主なジャンルとヒーロー

## 大雑把に分けた五大ジャンル

時代劇というのはもともと細かくジャンルがありますが、このぐらいのことが分かっていればよいというのが、大きく言うと五つです。この中に、さらにいろいろあるわけですが、まず五つの話をしていきます。

「もっとこういう分け方ができるんじゃないか」と批判される方もいるかもしれませんが、そうした意見が言えるということは既にそれなりに時代劇に詳しいということでもあるので、申し訳ありませんがこちらの対象とする読者から外れてしまいます。

これはあくまで「入門」です。時代劇初心者の方に分かりやすく楽しく入ってきてもらうために、大雑把に大枠を摑《つか》んでもらうための分類になっています。その点、ご容赦ください。

### 《ジャンル1：ヒーローもの》

まず、なんといってもヒーローものです。表現形式はさまざまありますし、そのパターンもいろいろ（後で詳しく述べますね）ありますが、「強いヒーローが現れて、悪い相手を斬る」という勧善懲悪の形。これがやはり多い。もちろん、そのヒーロー像はさまざまですし、物語の終わらせ方や展開もバリエーションが豊富なので、くれぐれも早合点して「やっぱり『水戸黄門』や『暴れん坊将軍』みたいなのが時代劇の代表なんだ」と思わないでください。ああいうのも、あくまで「たくさんあるヒーローの類型のうちの一つ」でしかありません。このことは、すぐ後で説明します。

それから、「忍者もの」も単独の一つのジャンルといえなくもないですが、これも今回は「ヒーローもの」の類型として捉《とら》えておきます。ただ、時代劇の魅力を知る上ではどちらも大事なテーマなので、これは後の章で詳しく解説します。

《ジャンル2：歴史もの》

ＮＨＫ大河ドラマに代表されるジャンルです。史実に則《のっと》った形で物語が展開し、歴史上の人物たちを主役にしているというのが基本形です。大河でもたまに架空の人物が主人公になることがありますが、それは例外的な変化球になります。歴史の変遷を一つの物語として捉えて、そこにいろいろな解釈やアレンジを加えながら独自のドラマとしていく。

つまり、完全にゼロから創作した物語ではなく、歴史という動かしようのない事実が厳然として物語を支配している。たとえば「本能寺の変で織田《おだ》信長が死ぬ」とか、「関ケ原《せきがはら》の戦いで徳川《とくがわ》が勝つ」とか、そこだけは動かせない。そこに向かってどう人物を描き、動かしていくかが作り手の腕の見せ所となります。

これは何も武将たちが戦う話ばかりではなく、『大奥』(将軍の妻たちが暮らす、将軍以外の男子は立ち入り不可の、江戸城本丸にあるエリア)を舞台にした女性たちのドラマも含まれます。現代人がタイムスリップしてくる話も、ここの変化球の一つといえるでしょう。

《ジャンル3：長屋人情もの》

これは、よく「あれも時代劇なんですか」と聞かれることがあるジャンルです。現代劇でいうホームドラマみたいな、限定された日常空間の中での人間描写――特に人情に重きを置いたドラマです。アクションシーンはほとんどないため、「チャンバラ」が時代劇にとっての必須《ひっす》要件だと思われている方が実は少なくなく、それで先の質問になったりするわけです。

よく描かれる舞台は長屋で、そこで貧しくも健気《けなげ》に生きる人々の人情を見せ、そして最後にハートウォーミングな展開を持ってきてホロリと泣かせる。これが基本形になります。

《ジャンル4：悲劇》

これはジャンルというよりは表現形式なので《ジャンル1～3》にもその要素がある作品もあるのですが。ただ、それとは別にヒーロー的な活躍は描かれず、歴史に基づいているわけでもなく、人情味があるわけでもない。ひたすら主人公の悲劇的な状況が描かれていく、という作品があります。

これは主に、現代社会の矛盾への問題提起や怒りを作り手が時代劇に仮託して描こうというものや、人間の業や深淵《しんえん》に迫ろうというためのもので、文学作品が原作になっていることが多いです。

《ジャンル5：怪談もの》

現代劇でも長く人気のジャンルですが、原点は時代劇です。現世で理不尽な形で命を落とすことになった人間が、その禍根を抱えて亡霊として蘇《よみがえ》り、酷い目にあわされた相手をその呪いによって苦しめていくという展開が基本軸です。特殊な能力によって悪を倒す――わけなので、基本的にはヒーローものともいえるかもしれません。

超常現象に対する興味、おどろおどろしさの魅力、「怖さ」そのもののエンターテイメント性もありますが、金・名誉・色などへのエゴイスティックな欲望を抱きそのために相手に理不尽な目に遭わせる加害者も、理不尽な目に遭ってもそれを晴らす術《すべ》を持たないために「化ける」という手段で抗《あらが》うしかない被害者も、どちらも多くの人が感情移入できるものであるというのも、このジャンルが長く愛される理由かもしれません。

とりあえず大きく五つに分けてみましたが、これだけでも結構なバリエーションがあることをご理解いただけるのではないでしょうか。この中から、それぞれの好みに応じて作品に当たっていくという手もあります。時代劇のチャンバラが苦手だという人がいたとしても、人情のホロリとする話が見たいという人もいれば、歴史ロマンに浸ってみたいという人もいるでしょうから。時代劇というのはいろいろな表現ができて、いろいろな楽しみ方、入口があるというのがわかってもらえると思います。

《ヒーローもの》と《歴史もの（大河ドラマ）》は後程くわしく述べますが、《長屋人情もの》《怪談もの》はほぼ触れないので、気になった方のために「入門」的な入口をお教えします。

《長屋人情もの》は、「**原作・山本周五郎《やまもとしゅうごろう》**」というクレジットに注目することです。彼は非・チャンバラ系時代小説の名手ともいえる作家で、この人の作品を追いかけていくとまず間違いはないです。

主な映像化作品としましては、『ちいさこべ』（一九六二年）、『冷飯とおさんとちゃん』（一九六五年）、『赤ひげ』（一九六六年）、『ひとごろし』（一九七六年）、『どら平太《へいた》』（二〇〇〇年）、『かあちゃん』（二〇〇一年）あたりが挙げられます。「アクションや合戦は苦手だけど、時代劇のファンタジー空間に浸ってみたい」「ウィットとペーソスに富んだ物語で笑ったり泣いたりしたい」という方にはオススメします。

ただ、『五瓣《ごべん》の椿』だけはお気をつけください。かなりえげつない復讐《ふくしゅう》劇なので。

《怪談もの》に関しましては、「**日本怪談劇場**」というオムニバスのテレビシリーズがあり、主だった怪談はここに入っていますので分かりやすいかと思います。映画では『東海道四谷《とうかいどうよつや》怪談』（中川信夫《なかがわのぶお》監督版）（一九五九年）が決定版になると思います。おどろおどろしさと因果応報のドラマ性が見事に映し出されていますので。それから、小林正樹《こばやしまさき》監督が巨費を投じて作った映画、その名もズバリ『怪談』（一九六五年）も、随所に手抜かりのない作りになっていますから怪談映画の魅力がよく伝わると思います。

## ヒーローの区分

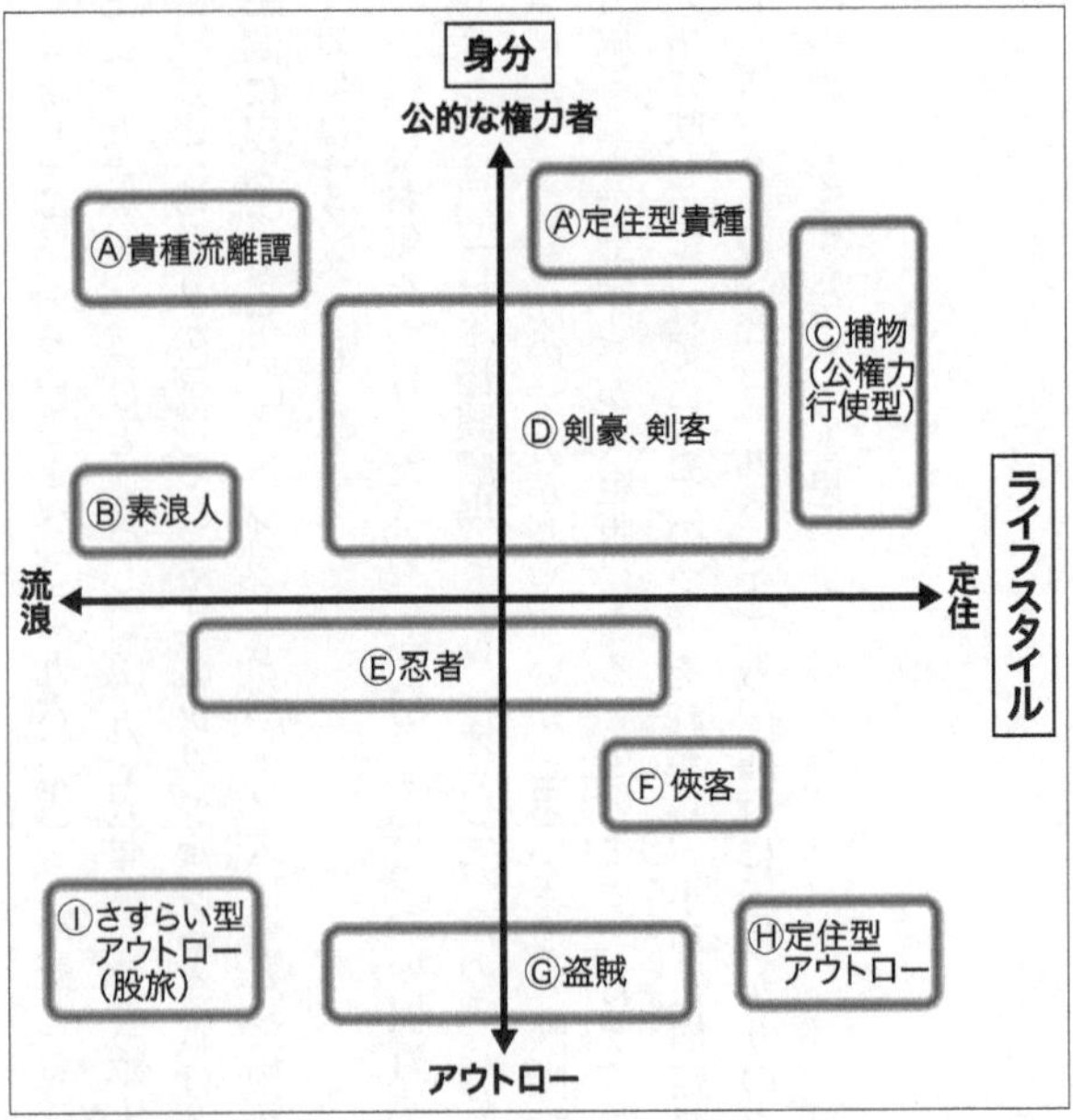


他：歴史系ヒーロー（義経、弁慶、幸村、大石、新選組、龍馬）

## 身分・ライフスタイル別に解説するヒーロー区分

ここからは《ジャンル1：ヒーローもの》について、さらに具体的に分けていきたく思います。一概に時代劇のヒーローといっても、実は多種多様。個々のヒーローの話に入る前に、まずは時代劇のヒーローにはどのようなパターンがあるのかを説明します。

時代劇に出てくるヒーローについて考える場合、**権力者かアウトローか**、それからライフスタイルを基準にすると分かりやすいです。

身分制度が厳然としてあって、身分毎にそれぞれコミュニティが存在した。そしてそれに応じてヒーローとしてのあり方が変わってくる。

それから、時代劇の主人公たちは、大きく二つのライフスタイルがある。**定住型**と**流浪型**です。定住型は——これは主に江戸なのですが——都市に暮らしていて、屋敷なり長屋なりの定住する家があって、定職があり、そこから事件に巻き込まれていく。つまり、江戸の街の中で起きる話です。いまの刑事ドラマに近い感覚です。

一方、流浪型は、全国を旅して回りながら、行く先々の事件に巻き込まれていくというスタイルです。

ですので、権力があって定住している人。権力があって流浪している人。アウトローで定住している人。アウトローで流浪している人。時代劇のヒーローの分布は基本的に四つのエリアに大きく分けられる。もちろん、分けきれないグレーゾーンも存在しますが、基本的にはこれで理解すると、時代劇のヒーローたちそれぞれの立ち位置がわかりやすいと思います。

## Ⅰ《権力者・流浪型》

権力ある立場にいて流浪している人。よく考えてみると、謎の行動です。なぜ、そんな人がわざわざ流浪する必要があるのか、という話です。

実は、日本のエンターテイメントを考えるときの原点がこのパターンだったりします。「貴種流離譚《たん》」と呼ばれる形式です。身分の高い人が流浪する冒険物語。時代劇以外でたとえるなら、テレビゲームの「ドラゴンクエストⅤ～天空の花嫁」です。主人公は王様の息子なのですが、最初はそのことを知らないで旅をする。それで故郷に帰った時に初めて自分の出自を知る。

この、高貴な身分にいる人間が放浪をするというのは、奈良時代にできた『古事記』という歴史物語で神話として登場しています。この中に登場する**日本武尊**《やまとたけるのみこと》が貴種流離譚の最初と言われていて、『日本誕生』（一九五九年）という映画で三船敏郎が演じています。皇族であり、しかも優秀であり人民からはとても慕われていた。ところがそのために父親や兄に疎まれて遠征を命じられる。そしてその先で魔物を退治しに行くという物語。『新吾《しんご》十番勝負』シリーズはこの形式の代表作です。映画では大川橋蔵が、テレビでは国広《くにひろ》富之《とみゆき》がやりました。**将軍・吉宗の息子**なのですが、生まれてすぐに盗賊に誘拐されて育てられる。そして自分が生まれに気づかないまま育てられ、やがて実の父のために戦うヒーローになっていく物語です。

基本的にこのパターンは、本来なら悠々自適に生きられたかもしれない立場なのに、運命の理不尽によって流浪させられてしまうという、抗えない悲劇性が魅力で、それがヒーローとしてのカリスマ性を与えることになります。

ただ一方で「セルフ貴種流離譚」をやる人もいます。つまり、高貴な身分にいる人間が自分の意志で流浪の旅に出るという変わり種。その典型が**水戸黄門**です。前の副将軍にして水戸藩主という圧倒的な権力者である人間が、隠居して世直しのために全国を旅する。これも実は貴種流離譚に入るわけです。

それから、**剣豪・柳生十兵衛**もここに入ります。天才的剣士であると同時に、父親は大名でもあり将軍に剣術を教える立場にある。ところが息子の十兵衛は剣の道に生きようと全国を武者修行して回る。

それから、究極的な作品として『将軍家光《いえみつ》忍び旅』（一九九〇年～）というのもありました。

三代将軍の家光が身分を偽り、行く先々で事件を解決していくという。ただ、さすがに将軍が江戸をあけて自ら地方まで遠征するのはいくらなんでも無理があるので、家光が京都上洛《じょうらく》をする際に影武者を立てて、自分は少ないお供を伴って別動隊として動くという設定になっていました。

Ⅱ《高身分・市井定住型》

さらに亜流として「定住型・貴種流離譚」というのがあります。都市に定住しながらも、なぜか貴種流離譚になっている。字面だけで読むと訳が分かりませんよね。

このパターンで代表的なのは『長七郎江戸日記』（一九八三年〜）の**松平長七郎**。里見浩太朗が演じています。松平忠長《ただなが》という、徳川家光と三代将軍を争って敗れた秀忠《ひでただ》の三男がいます。彼は史実では非業の死を遂げているのですが、実は子供がいたという創作がなされ、それが松平長七郎ということになります。彼は身分を隠しながら江戸で暮らし、裏に回って悪を懲らしめる。本来なら大名になってもおかしくない立場なのに、街中で庶民とともに暮らしているということで、これも江戸の中で貴種流離譚をやっているということが言えます。

それから、水戸黄門と同じセルフ貴種流離譚を、江戸の中でやっている人がいます。それが『暴れん坊将軍』（一九七八年〜）の**徳川吉宗**です。将軍自らが街に出て事件を解決する。

これも、「江戸」という狭い守備範囲ではありますがセルフ貴種流離譚です。普段は江戸城に住んでいて、時おり街に出て貴種流離譚をやって、また江戸城に戻る。パートタイム貴種流離譚といえるかもしれません。

「**遠山の金さん**」も同じくパートタイム型の貴種流離譚です。遠山金四郎《きんしろう》は江戸の北町奉行という、今でいうところの警視総監と裁判長を兼ね備えたような立場にいるのですが、事件を自ら捜査するために普段は「遊び人の金さん」として街で庶民とともに暮らす。

「時代劇の典型」と思われがちなヒーローが実はこの貴種流離譚とその類型には多いので、とりあえず最初に挙げてみました。

## Ⅲ《中身分・流浪型＝素浪人》

この貴種流離譚の派生形ともいえるのが「**素浪人もの**」です。

貴種流離譚の人たちは、皇族や貴族であったり、武士の中でも上の階級、大名であったり、そういう血筋の人たち（貴種）が流浪するという形式です。

素浪人は違います。下級の侍たちが、何らかの形で浪人になる。勤め先である藩が潰《つぶ》れたり、藩からなんらかの事情で出てしまったり、父親の代から浪人であったり。それで食べられなくなって、江戸でも暮らせず、全国津々浦々、仕事を探して回る。あるいは、出自や目的が全く分からない謎の男——という場合もあります。それが素浪人ものです。そのため、侍ではあるものの基本的には髪はボサボサで服はヨレヨレという、薄汚く貧しい身なりをしている。

黒澤明の『用心棒』（一九六一年）がその代表ですね。三船敏郎扮《ふん》する**桑畑《くわばたけ》三十郎**が、どこから来て、どこへ去っていったかわからない。フラッと現れて、ある宿場で起きているヤクザ同士の対立を解決して去っていく。

二作目の『**椿三十郎**』（一九六二年）も、いきなり寺のお堂で寝ているところから始まる。これもどこから来たかわからないし、どこへ去っていくかもわからない。その人間が、藩の中にある内部抗争を解決して去っていく。

素浪人ものは、これが基本形です。どこから来たかわからない浪人が、どこかしらの宿場町や村や街にフラッと現れ、そこでトラブルに巻き込まれていく。そして解決して、またどこへともなく去っていく。

これをテレビで毎週やったのが、五社英雄監督の『**三匹の侍**』（一九六三年〜）でした。三人がどういう形かわからないけれども来て、それぞれ違うルートを歩いていたはずが、同じ宿場に集まる。それぞれ違う立場にいるけれども最後は一緒に戦う。そして、それぞれ去っていく。三船敏郎も後にテレビシリーズ『**荒野の素浪人**』（一九七二年〜）で、三十郎から九《く》十郎《じゅうろう》に名前を変えて、毎週旅をしていく作品をやりました。

『子連れ狼』（一九七〇年〜）もこの変化球パターンです。

小池《こいけ》一夫《かずお》原作の劇画があります。主人公の拝一刀は公儀介錯人《かいしゃくにん》といって、罪を犯した大名の首を刎《は》ねる立場にいました。これが、彼の立場を奪わんとする柳生家の罠《わな》にはまって浪人になり、殺し屋稼業を営みながら、幼い息子・大五郎と共に全国を旅する話です。これも――身分的には貴種流離譚寄りともいえますが――素浪人ものになります。

## Ⅳ《低身分・流浪型＝股旅》

「流浪するヒーロー」でいうと、貴種流離譚と正反対の立場の主人公たちも同じく長いこと愛されてきました。それが「股旅《またたび》もの」。渡世人、つまりヤクザ者を主人公にした作品です。

浪人たちは何だかんだ言っても侍なのでたとえ浪人であっても庶民は下手に出てくれます。ところが、ヤクザはそうではない。

江戸時代は人別帳（戸籍）というのがあって、自分たちの職業のコミュニティから抜けると、人別帳から名前が削られて、もう戻れなくなるわけです。つまり、真っ当な仕事で食っていけなくなる。そうなった人間はヤクザ者になっていくわけです。これを「渡世人」と呼びます。どこにも居場所がないということで、全国を旅する。そして、行った先で人を斬ってしまうと「兇状持ち《きょうじょうも》」といって指名手配されて、宿場から宿場を回らないといけなくなる。そんな渡世人たちを主人公にしたのが股旅ものです。

代表的なのは、笹沢左保《ささざわさほ》原作の『**木枯し紋次郎**』（一九七二年～）です。

それと、紋次郎たちのいる流浪型ヤクザと対極なのが**清水次郎長**で、定住型ヤクザです。

木枯し紋次郎たちは一匹狼で過ごしたいからこそ、どこの一家にも世話にならず、宿場から宿場を回っていくわけですが、次郎長や国定忠治は一家を構えて、街を自分の縄張りとして、子分たちを従えている。それを侠客《きょうかく》と呼んだりします。地元にいる代官、大名と喧嘩《けんか》をしたり、庶民のためにアウトローの立場から戦ったりする。

ただ、彼らの場合も行きがかり上だったり、義憤に駆られたりする中で相手を斬ってしまう。そうなると「兇状持ち」の立場に追いやられ、逃亡の流浪に出なくてはならなくなります。次郎長は物語の中盤、忠治は終盤にその展開になる。

同じ流浪をするにしても、貴種流離譚に比べて陰が強くなるというのが股旅もののヒーローの特徴といえます。

## Ⅴ《中身分・定住型》

このエリアのヒーローが登場する作品は、たいてい「捕物」、ようするに市井の犯罪事件を解決するミステリーです。殺人事件などの今でいう刑事事件が起きて、それを主人公の捜査によって解決する。彼らは、江戸の街に定住して事件に当たります。公権力の許可の下に事件解決を許されているということで、「刑事ドラマの時代劇版＝捕物」と捉えておくと分かりやすいと思います。

そうした捜査や逮捕を幕府から認められている人は、時代劇においては基本的に「十手」という金属の棒を持っています。これが今でいう警察バッジのようなもので、捜査権を公的に認可された者であるという証《あかし》であるのと同時に、武器にもなります。

一番下の立場は「岡っ引き」。町人の身分です。お上から十手を渡されて事件捜査に当たる。最も有名なのは**銭形平次**です。さらに彼らが私的に下働きで使う捜査員を「下っ引き」といいます。平次の下には「八五郎《はちごろう》」という下っ引きがいました。たいてい元アウトローで、そうした人脈を使って聞き込みなどの情報収集を主に担当します。

その上にいる「同心」は武士の身分。黒い紋付羽織を着て奉行所に勤めている侍たちです。今でいう刑事にあたる、現場で捜査をする立場にあります。その上司になるのが与力。刑事ドラマでいう警部だと思ってください。なんとなく与力＝刑事より偉い人なんだな、という認識でいいです。

それから、奉行所を束ねるのが「町奉行」。部下からは「お奉行」と呼ばれたりします。

捜査指揮と裁判の結審を担当する、今だと警視総監と裁判長を兼任している立場です。大岡越前や遠山の金さんが「名奉行」と呼ばれ、実在の史実上の人物でありながら架空の物語のヒーローとして活躍、「名裁き」という誰もが納得する結論を導き出します。

それから、奉行所と似た感じの存在に「火付盗賊改方《ひつけとうぞくあらためかた》、略して火盗改」というのがあります。これは、「火付け＝放火犯」と盗賊の捜査・逮捕を専門にするセクションです。奉行所は基本的に十手での犯人捕縛は認められていますが、刀で斬ることは許されない。ただ、それだと追いつかない場合がある。そういう時が火盗改の出番で、彼らは緊急時に盗賊たちを刀で斬ることを許可されている、独自の機動性のある役職です。その「長官」として有名なのが**長谷川平蔵**《はせがわへいぞう》。「鬼平犯科帳」の主人公です。

## Ⅵ《低身分・定住型＝忍者・盗賊》

それと全く正反対に存在して、「真ん中低め」一帯を支配しているのが「忍者」です。忍者の区分は実は難しい。歴史上の立場でいくと、たとえば、**服部半蔵**《はっとりはんぞう》は徳川の旗本でもあるし、戦国時代の**伊賀の忍者**たちは地域の土豪であったり、江戸時代だと足軽の身分だったり――ようは「武士」ということになるので、「同心」とかと同じエリアに組み込むことができます。

ただ、歴史上の忍者と時代劇に登場する忍者の立場は少し違います。

その描かれ方の変遷については後の章でかなり詳しく述べますが、時代劇においての忍者は基本的には「大名などの権力者」に「飼われる」ような立場で、物凄《ものすご》く命を軽んじられている。基本的にここで語るのは歴史上ではなく時代劇の中の話なので、あえて真ん中のラインの下に置きました。

任務のために特殊な技能を活《い》かして命がけの戦いに挑む——というのが、忍者ものの骨格になります。一方で、そうした非人間的な扱いに嫌気が差して、そこから抜け出そうとする忍者たちの物語も大きな勢力としてあります。ですので、忍者ものには定住型と放浪型の双方があると考えておいてください。

それから、忍者と同じく身を隠して潜入する——というヒーローに「盗賊」がいます。これは泥棒なので、悪役として取り締まられる側で描かれることも多いです。が、一方で「義賊」みたいな形で「庶民のために悪徳商人や武士から盗む」という**石川五右衛門**《いしかわごえもん》や**鼠小僧**のようなヒーローもいますし、池波正太郎《いけなみしょうたろう》（※この人についても後でちゃんと説明しますよ）の**『雲霧仁左衛門』**《くもきりにざえもん》のように、「盗みのテクニック」や「アウトローの矜持《きょうじ》」にスポットを当てたピカレスク的な作品もあります。

「時代劇のヒーロー」と一概に言いましても、これだけ幅広くいるわけです。

# 第二章　とりあえず知っておきたい時代劇ヒーロー30

それでは、ヒーローの類型を概説したところで、個々のヒーローたちの解説をしていきます。「とりあえずこの辺りの名前とキャラクターを知っておけば大丈夫」な、メジャーどころのヒーロー三十人を名鑑的に並べて、それぞれにどんな特徴があるのかを簡単に説明します。

## A. アウトロー系ヒーロー

まずはアウトロー、法律の外に生きるヒーローたちから紹介します。

### 1《清水次郎長》2《森の石松》

次郎長は実在の侠客《きょうかく》=ヤクザの親分で、幕末から明治にかけて駿河国《するがのくに》（今の静岡県中部）で活躍しました。

彼は戦前から浪曲や講談でその活躍が謳《うた》われて人気になります。最初は一介のチンピラだった若者が、持ち前の気っ風の良さや度胸の良さ、正義感などが買われて名を揚げていく。

それにつれて子分たちが加わり、そして義侠心のために悪いヤクザたちと戦う。

立身出世したり仲間が増えたりという、ロールプレイングゲーム的な楽しさのある前半。やまれぬ事情で人を斬ってしまい、兇状持《きょうじょうも》ち＝指名手配犯として子分や妻と逃亡の旅に出る悲しげな中盤。そして清水港に戻って一家を構え、他のヤクザ一家と抗争するアクション色のある後半。それぞれで異なる色合いがあって見せ場も多く、そしてその度に次郎長やその周囲の人々の見せる人情が「人としてこうありたい」というロマンを感じさせてくれます。

次郎長親分はもちろんですが、個性豊かな子分たち＝二十八人衆も魅力です。中でも中盤から参加する「森《もり》の石松《いしまつ》」は次郎長なみの人気を得ます。片目がなくて、言葉も上手《うま》く話せないというコンプレックスの持ち主である一方、人情厚く、曲がったことが大嫌い。しかも喧嘩《けんか》っ早く、親分想い。でも思慮がちょっと足りないので損をしてばかり。そんな愛され要素の多いキャラクターです。

【代表作】
『次郎長三国志』九部作（一九五二～五四年）
映画　マキノ雅弘《まさひろ》監督、小堀明男《こぼりあきお》主演、東宝

若き日の次郎長が名前を売り出す序盤から、石松が非業の死を遂げるまでを全九作で描いた次郎長映画のマスターピース。石松

「次郎長三国志　第一集（３枚組）」DVD 発売中／発売・販売元：東宝

を演じた森繁久彌《もりしげひさや》が本シリーズでスターになります。ＤＶＤボックスのジャケットを尾田栄《おだえい》一郎《いちろう》が描いており、実は『ワンピース』は次郎長の現代的なリブート作品としての側面もあるので『ワンピース』好きな人はハマるかもしれません。

## 3《国定忠治》

彼も同じく実在の侠客です。

活躍したのは上州（今の群馬県）。江戸末期に大規模な飢饉《ききん》があり、にもかかわらず代官は農民に重税を課し、暮らしがひっ迫していきます。そこで立ち上がるのが忠治親分。農民のために代官屋敷を襲い、米を奪って農民たちに分け与えます。

そのために追われる身となり、その中でいろいろな人間に裏切られてしまい、最終的には赤城山《あかぎやま》に立てこもる。そして、そこも包囲されてしまう。最後の夜、愛刀を抜いて「赤城の山も今宵《こよい》限りか」と言う場面が一番の見せ場で、ここで泣かせてくれます。

ヒロイックではあるのですが、敗れていく人間の悲劇として泣かせてくれるのが忠治の物語の大きな魅力です。

新国劇という時代劇を中心に公演する劇団での十八番として人気を博し、辰巳柳太郎《たつみりゅうたろう》（緒形拳の師匠。緒形もこの劇団出身）が当たり役としました。

【代表作】

有名なキャラクターではあるのですが、映画やテレビでは「これ」という作品がないんですよね。戦前に作られた『**忠次旅日記**』（一九二七年）が傑作とされていますが、フィルムが消失して完全版は揃っていませんし、その残された部分もソフト化されていません。

ただ、忠治を脇役にして顚末《てんまつ》を描いた作品はいくつかあり、中でも座頭市（少し後で解説します）が忠治の逃亡を助けようとする映画『**座頭市千両首**』（一九六四年）は入門編としていいように思います。

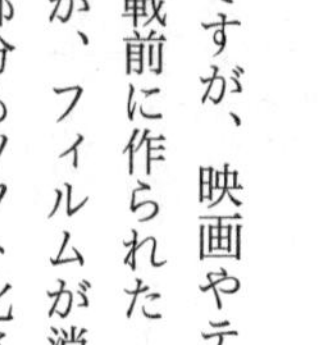

「座頭市千両首」
©KADOKAWA 1964

## 4《木枯し紋次郎》

忠治と同じく上州出身のヤクザですが、彼は親分ではなく渡世人（＝流浪を続けるヤクザ者）で、笹沢左保という小説家の創作した架空のキャラクターです。

彼は上州新田郡《にったごおり》の貧しい農家で生まれます。貧しさのため生まれた赤ん坊は「間引き」として殺されることが多かった。紋次郎も生まれてすぐに殺されそうになります。上州名物コンニャクを顔に乗せられて、窒息させられるという手段でした。そのため、紋次郎は後になってコンニャクを見るだけで吐き気を催す。それを救ってくれたのが姉でした。でも、その姉も貧しさのために、遊女として売られてしまい、どこの宿場にいるかもわからなくなってしまいます。

そんな生い立ちなのもあって、かなり人間不信が強いキャラクター設定になっています。次郎長や忠治が困った人を見たら放っておけない義侠心の持ち主である一方、紋次郎は「あっしには関わりのねえことでござんす」と一度は背を向けます。いままでの時代劇ヒーローは基本的には「弱きを救う」というのがありますが、彼は相手がどんなに困っていようとも人との関わりを徹底的に避けようとする。

それでも、やはり捨てておけなくなったり、心ならずも巻き込まれてしまったりして、結局は戦わないといけなくなる。で、戦いに勝っても爽快感《そうかいかん》はなくて、どこか空しい思いを背に、去っていく。

【代表作】

『木枯し紋次郎』（一九七二年）

テレビシリーズ、市川崑監督、中村敦夫主演、フジテレビ

映画では中島貞夫《なかじまさだお》監督・菅原文太《すがわらぶんた》主演で二作ありますが、それよりもこのテレビシリーズが決定打といえます。

口に長い楊枝《ようじ》をくわえたり、大きな三度笠《さんどがさ》を被《かぶ》ったりという市川崑発案による紋次郎のフ

DVDBOX Ⅰ～Ⅳ発売中／発売・販売元：株式会社ハピネット　©C.A.L

アッションが実にカッコよく、「木枯し」の質感を意識した侘《わび》しさの漂うセットや背景とマッチして紋次郎の孤独感を映し出していました。

## 5《座頭市》

子母澤寛《しもざわかん》という小説家のエッセイに短く登場した、実在とされる盲目の按摩《あんま》＝今でいうマッサージ師です。

「天保水滸伝《てんぽうすいこでん》」と言われる、江戸末期に上総（今の千葉県中部）の宿場で起きた飯岡助五郎《いいおかのすけごろう》と笹川繁蔵《ささがわのしげぞう》という二つのヤクザ組織の大きな喧嘩が舞台になっているのですが、そこに「座頭市」という名の目が見えない按摩で居合の達人がいたらしいとだけエッセイには書かれています。

それをヒントに大映が映画として作り上げたのが『座頭市物語』で、座頭市を演じた勝新太郎の当たり役になります。

大きな特徴は、まず、目が見えないということで、いろいろ差別を受ける。ただ、腕もたつし博打《ばくち》も強いからきっちりと仕返しもする。そこに「ざまあみろ」という痛快さがある。

そして、居合の達人でもある。普段は杖《つえ》を突いて歩いていますが、実はこの杖の中にドスが仕込まれている。で、敵が迫るとそれを抜いて一瞬のうちに斬り伏せる。ヒーローとしてのカッコよさ、圧倒的な強さの一方で、人としての哀しさや寂しさも内包したキャラクターになっています。

【代表作】

**『座頭市物語』**（一九六二年）

映画、三隅《みすみ》研次《けんじ》監督、勝新太郎主演、大映

シリーズは全部で映画二十六作、テレビで全百話ありますが、まずは第一作が名作なのでここから観てみるといいかと思います。淡い恋愛と別れ、差別の中でようやく巡り合った友との対決といった抒情《じょじょう》的で切ない話になっています。

「座頭市物語」
©KADOKAWA 1962

それから、テレビシリーズもぜひ。ヨーロッパ映画のような映像美の中で文学的なドラマが展開されたりするので、単純な勧善懲悪が苦手な人も楽しめます。

## 6《藤枝梅安》

今度はヤクザ者ではありません。池波正太郎という小説家が創作した殺し屋です。劇中では「仕掛人」と呼称されます。

表では、人の命を救う鍼《はり》医者ですが、裏ではその鍼を使って人殺しをする。一本の鍼で、命を救うこともあれば殺すこともあるという設定が面白い。

「元締め」と言われる雇い主からお金を受け取り、依頼された標的を殺しに行くというのが基本的なパターンです。相棒には彦次郎《ひこじろう》という楊枝職人がいます。この二人で組んで、あの手この手と考えながら殺していきます。

【代表作】

**『必殺仕掛人』**（一九七二〜七三年）

テレビシリーズ、深作欣二《ふかさくきんじ》監督、緒形拳主演、朝日放送

緒形拳が梅安を演じています。表向きのいかにも人が好《よ》さげな爽《さわ》やかな笑顔と、裏に回った時のプロフェッショナルな鋭さとのギャップがとにかくカッコいい。ハードボイルドでスタイリッシュな演出はとても現代的で、時代劇を見慣れていない人でもスッと入れるのではないでしょうか。

後に渡辺謙が演じたバージョン（『仕掛人　藤枝梅安』（一九九一年））もあります。これは優しさや抒情感が加わっていることや、相棒が橋爪功《はしづめいさお》・阿部寛《あべひろし》、元締めが田中邦衛《たなかくにえ》なので、キャスティング的に今の若い人たちにも馴染《なじ》みがありますから、ここを入口にしてもよさそう。

小林桂樹《こばやしけいじゅ》バージョンもいいのですが、これはちょっと中級者以上向けかもしれないので、まずは緒形版・渡辺版からどうぞ。乾いたタッチが好きな人は緒形版、抒情性があった方が

いいと思われる方や知っている俳優が出ている方が安心できるという方は渡辺版、という感じです。

## B．剣豪ヒーロー・実在系

次は剣豪。剣の強い武士たちです。ここが時代劇ヒーローの中核的存在といえます。まずは、実在した剣豪たちから。

### 7《柳生十兵衛》

柳生新陰流《しんかげりゅう》という剣術の流派の使い手です。見た目の特徴としては、左目に黒い眼帯をつけています。

彼は柳生家の後継者です。柳生家は将軍家指南役といいまして、徳川将軍に剣術を教える役職にあります。つまり、天下で一番の流派というお墨付きがある。

家光の指南役が十兵衛の父親、柳生但馬守宗矩《たじまのかみむねのり》で、十兵衛も父親から剣術を教わっているということで、家光と十兵衛は兄弟弟子の関係でもあり、剣友でもあることから、たいていの時代劇で近い関係の人間として描かれます。

十兵衛が時代劇によく登場するのは、そうした家柄であるにもかかわらず、どういうことをやった人で、いつ頃、どう死んでいったのかよくわからないというミステリアスさがあるからです。つまり、いかようにでも創作ができる。しかも剣術修行も含めて、諸国を渡り歩いていたという痕跡《こんせき》はあるらしいので、時代劇を作る側からすると本当にありがたい。眼帯の剣豪ということでキャラクター立ちも完璧《かんぺき》。実在の人物ですが、まさに時代劇ヒーローになるために存在しているような人物といえます。

**【代表作】**

**『魔界転生』**（一九八一年）
映画、深作欣二監督、千葉真一主演、東映

近衛十四郎が主演した『柳生武芸帳』は第一部で紹介しましたので、ここでは別のバージョンを。

千葉真一も柳生十兵衛を当たり役としていた人です。で、ここでオススメしたいのが『魔界転生』。宮本武蔵《みやもとむさし》などの剣豪たちが魔界から蘇《よみがえ》り、それを十兵衛が迎え撃つという話です。奇想天外な設定と個々の決闘の面白さがどちらも抜群で、時代劇の楽しさとヒーローとしての十兵衛のカッコよさに浸れると思います。

## 8《宮本武蔵》

剣豪ヒーローの代表選手的な存在です。

活躍したのは関ヶ原の戦いが終わった直後から、大坂の陣が始まるくらいまで。戦国の荒々しい名残があって、これから剣で身を立てようという人間たちがまだまだいる時代です。それでも戦がないので、剣豪という概念が出てくる。それまでは武将、つまり兵士として戦場で戦うための剣術だったのが、今度は士官するための今でいう資格のようなものとして剣術が出てきて、それぞれに腕を競い合って世間に売り込もうとしていた。武蔵はその中でいくつもの決闘に勝利した剣豪でした。

彼のイメージを形作ったのが、作家の吉川英治《よしかわえいじ》です。彼の『宮本武蔵』という小説が現在に至るまでの武蔵像を固めました。

魅力はなんといってもバラエティに富んだ決闘の数々です。京都の名門・吉岡《よしおか》一門や奈良の僧兵・宝蔵院《ほうぞういん》との抗争があったり、あるいは鎖鎌の使い手・宍戸《ししど》梅軒《ばいけん》や「燕返《つばめがえ》し」という必殺技を使うライバル・佐々木小次郎《ささきこじろう》との巌流島《がんりゅうじま》の決闘。多くの剣豪たちと決闘を繰り広げたということでアクションものとして描きやすく、何度も映像化されてきました。

【代表作】

『宮本武蔵』五部作（一九六一～六五年）

映画、内田吐夢《うちだとむ》監督、中村錦之助主演、東映

映像化作品は数多くありますが、決定版はこの五部作です。荒々しい若者が一人の剣士として成長し、最後は戦いの空しさを知るまでの心の軌跡が丁寧に描かれているのと同時に、ライバルたちや脇のキャラクターたちもしっかり描きこまれていて、アクションだけでなくドラマとしても楽しめます。一年に一本ずつ巨額な予算で作られたのもあり、戦後の時代劇映画黄金期の輝きをあらゆる面で堪能《たんのう》できます。

## 9《荒木又右衛門》

この人も柳生新陰流の使い手です。伊賀に「鍵屋《かぎや》の辻《つじ》」という宿場みたいな場所があるのですが、そこで決闘を行った人です。義理の弟・源太夫《げんだゆう》が殺されてしまい、その兄・渡辺数馬《わたなべかずま》が仇を討つことになる。荒木又右衛門《あらきまたえもん》はその助太刀＝助っ人として加わります。

ところが、その仇《かたき》である河合又五郎《かわいまたごろう》の叔父《おじ》が河合甚左衛門《じんざえもん》といって、これが又右衛門の剣友であるという。そして、甚左衛門は又五郎の逃亡の護衛に加わる。つまり、友と戦わなければならなくなるわけです。そして、「鍵屋の辻」で又右衛門たちは待ち伏せて河合一行に襲い掛かる。

しかも、その背後には江戸幕府内での勢力争いが絡み、その代理戦争的な意味合いもあっ

たりします。なので、アクションだけでなく政治劇としての面白みと、そこに巻き込まれていく又右衛門の悲劇という側面もあり、長く愛されてきました。

【代表作】

『荒木又右衛門～決戦・鍵屋の辻』（一九九〇年）テレビ、仲代達矢主演、重光亨彦《しげみつゆきひこ》演出、NHK

鍵屋の辻に向かうまでの物語を三時間かけて描いたスペシャル作品のため、当時の時代背景や個々の人間ドラマなどが細部まで描きこまれています。又五郎をただの悪役とせず、そちら側の物語もしっかり描いているのも魅力。又右衛門を演じる仲代達矢、甚左衛門を演じる宇津井健《うついけん》をはじめ、ベテラン名優たちがズラッと顔をそろえており、それぞれの重厚な演技合戦も素敵です。

C. 剣豪ヒーロー・非実在系

今度は、実在はせずに完全に創作された剣豪ヒーローたちです。それだけに、必殺技やさまざまなユニークな特徴を持っており、ここが最も時代劇の自由さを堪能できるカテゴリーといえるでしょう。

## 10《丹下左膳》

林不忘《はやしふぼう》という小説家が創作したヒーローですが、大きな特徴は、右手と右目がないということで、左腕一本で戦います。

最初は『新版大岡政談』という小説の登場人物の一人でした。これが映画化された時に大河内傳次郎というスターが演じました。この時は主君に裏切られて死んでいくのですが、その悲劇性と片腕での殺陣《たて》の迫力というキャラクターの魅力により人気が出ます。

そして二作目からヒーローとして戻ってきて、そこからシリーズ化されていきました。

**【代表作】**

**『丹下左膳餘話　百萬両の壺』**（一九三五年）

映画、山中貞雄監督、大河内傳次郎主演、日活

ハンディキャップを背負った悲劇の男を人情味あふれるヒーローに転換させた作品です。一つの高価な壺《つぼ》を巡ってさまざまな人間たちが争う中に左膳が巻き込まれていくという話なのですが、とにかくコミカルで軽妙な演出に貫かれているので、気軽な感じで観ることができます。テンポも速く、個々の描写も面白いですから、時代劇に慣れていない人、若い人が観ても楽しめるのではないでしょうか。

## 11《鞍馬天狗》

大佛次郎《おさらぎじろう》という小説家が創作した、幕末の京都で活躍するヒーローです。普段は倉田典膳《くらたてんぜん》という浪人で、覆面をすると鞍馬天狗に変身する。後の変身ヒーロー・仮面ヒーローの原点ともいえる存在です。討幕派の浪士たちを助けて新選組と戦う——というのが基本的な構成になっています。それから、角兵衛獅子《かくべえじし》——今でいう子役劇団のようなところで過酷な労働をさせられてきた「杉作《すぎさく》」という少年との交流も大きな要素で、「天狗のおじちゃん」と呼ばれる親しみやすさもありました。

主に演じてきたのは嵐寛寿郎。その身体能力の高さ、柔軟さによる躍動感あふれるダイナミックな殺陣は当時の子供たちの心を躍らせました。時にピストルを武器として使うのもアクションとしてカッコいいです。

【代表作】

『鞍馬天狗　黄金地獄』(一九五三年)

映画、伊藤大輔監督、嵐寛寿郎主演、大映

このシリーズは作品の本数がベラボウに多いのと、それなりの本数がソフト化されていることもあり、どれから観ればいいのか難しいと思います。そこで、巨匠・伊藤大輔による名作と誉れ高いこの作品を選びました。

舞台はいつもの京都ではなく横浜《よこはま》ですが、ストーリーと演出がワクワクする感じになっていますので、鞍馬天狗自身のカッコよさは十分にご理解いただける一本だと思います。

## 12《早乙女主水之介《さおとめもんどのすけ》》

佐々木味津三《ささきみつぞう》という小説家が創作したヒーローです。人呼んで「旗本退屈男」。演じてきたのは市川右太衛門。北大路欣也のお父さんです。

旗本――つまり徳川家の直接の家臣（「直参」といいます）なのでそれなりの地位の高さにいて生活も不自由していないのですが、戦がないので、何もやることがない。つまり「退屈」。それで全国を回りながらさまざまな事件を解決していく。

彼には「諸羽流正眼崩し《もろはりゅうせいがんくずし》」という必殺技があるのと、額に三日月型の刀傷があり、それがトレードマークになっています。で、敵の前に現れると「天下御免の向こう傷！」と自ら指さして決めゼリフを言ったうえで、「諸羽流正眼崩し、受けてみよ！」と言って斬りかかります。敵の前で名乗りを上げたり、必殺技の名前を叫びながら繰り出していく――という、その後のアニメや特撮のヒーローたちの原点ともいえるキャラクターです。

それからもう一つの大きな特徴は、とにかく衣装がド派手だということ。シーンごとに異なるカラフルな衣装に身を包む。女性ものの着物を仕立て直したといわれています。

【代表作】
『旗本退屈男　謎の蛇姫屋敷』（一九五七年）
映画、佐々木康《ささききやすし》監督、市川右太衛門主演、東映
　派手さが売りのシリーズの中でもさらにド派手な作品です。めまぐるしく変わる退屈男の色鮮やかな衣装はもちろん、セットや小道具までなにもかも派手。きらびやかなライトの下で舞い踊りながら登場するラスト、さらにそこからの瞬間の衣装チェンジ――。
　時代劇＝渋いという先入観をお持ちの方に特に観てほしいです。

13《眠狂四郎》
柴田錬三郎《しばたれんざぶろう》という小説家の創作したヒーローです。
狂四郎は生まれが変わっています。キリシタンの神父が侍の娘を誘拐し、犯す。その際に身ごもってしまって、できた子供ということで、生まれた段階から陰を背負っている。
そのためニヒリストになっているのと同時に根強い女性不信の持ち主です。それでも、原作では馴染みの愛人がいたりして、日常になんとか溶け込んでいますが、映像化される際は人間不信、女性不信、ニヒリストの要素を強めています。ですから、作風としてもエロスやデカダンスを表に出した淫靡《いんび》さが漂っていたりもします。

彼も必殺技を持っています。「円月殺法」という、刀を円のように一回転して相手を幻惑させ、一刀で斬る。

映画では市川雷蔵、テレビと舞台では田村正和がそれぞれ当たり役としていて、クールでニヒルなカッコよさで魅了してくれます。

【代表作】

**『眠狂四郎女妖剣《じょようけん》』**（一九六四年）

映画、池広一夫《いけひろかずお》監督、市川雷蔵主演、大映

雷蔵主演による映画シリーズの第四作です。それまでの三作は原作に準拠した内容だったのですが、ここから映画のオリジナルになっていきます。

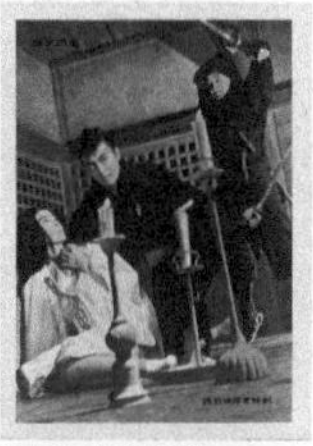
「眠狂四郎女妖剣」
©KADOKAWA 1964

神父が女性の誘惑に負けて信仰を捨てた上に処刑されるという冒頭に始まり、最後の敵がキリスト教の尼僧だったりと「神との対峙《たいじ》」が前面に出ていて、シリーズの中でもデカダンスはかなり強い作品となっています。時代劇と「洋」の要素との相性の良さがよく分かる作品になっているかと。

## 14《拝一刀》

劇画原作者の小池一夫が創作したヒーローで、それを元に小島剛夕《こじまごうせき》という漫画家が描いた劇画がスタートです。

一刀は「公儀介錯人《かいしゃくにん》」といって、「ご公儀」＝江戸幕府に対して何らかの罪を犯した大名が罰せられて切腹する際、「介錯」＝その首を刎《は》ねる役割にありました。幕府を代表して罰する処刑人なので、権威ある立場にあります。

その地位を欲した柳生家が柳生烈堂《れつどう》という頭首の率いる闇の組織・裏柳生を使って一刀を罠《わな》にはめ、罪に陥れます。地位を奪われ、妻や家臣を殺された一刀は一子・大五郎と逃亡の旅に出る。それを裏柳生が追ってくる――という展開になっています。

一刀は大五郎を乳母車に乗せて全国を旅するわけですが、行く先々で食べていく必要もあるので、刺客＝暗殺を大金で請け負う。そのミッションをいかにこなすかが毎回の軸になります。

彼は水鷗流《すいおうりゅう》という流儀の剣豪で、絶対に刃こぼれしない「斬馬刀」という必殺の武器を使うのですが、ただそれだけではありません。大五郎の乗る乳母車に実は数々の武器が隠されていて、取っ手や手すりは取り外し可能で槍《やり》や薙刀《なぎなた》に変身、さらに前面にはマシンガンが仕込まれているという。これを使って襲い掛かる柳生軍団を迎え撃ちます。

【代表作】
『**子連れ狼**』（一九七三〜七六年）
テレビシリーズ、萬屋錦之介主演、日本テレビ＝ユニオン映画

　若山富三郎主演の映画（全六作）も素晴らしいですし、初心者にもオススメしたいのですが、そちらは血みどろのバイオレンスを前面に出しているので、そういうのが好きな人にはたまらないでしょうけども苦手な人もいるかもしれず、原作に準拠して展開していくテレビ版を選びました。

　基本的には先に述べた原作の感じで展開していきますが、父と子の情や、それから第三シリーズの終盤に向けてのドラマチックな盛り上がりなど、人間ドラマとしてもかなり濃厚な内容になっています。

## 15《三十郎》

【代表作】
『**用心棒**』（一九六一年）
『**椿三十郎**』（一九六二年）
映画、黒澤明監督、三船敏郎主演、東宝＝黒澤プロ

「用心棒　〈東宝DVD名作セレクション〉」／DVD発売中／発売・販売元：東宝

これは黒澤明が創作して三船敏郎が演じた映画オリジナルのヒーローで、この組み合わせしかないので「代表作」を先に挙げました。

「三十郎」とは書きましたが、これは仮の名前で本名は不明です。劇中で名前を聞かれ「三十郎」と答えているだけでして、その後で「もうすぐ四十郎だがな」と付け加えていることから、自身の年齢からとった仮名だと分かります。しかも苗字《みようじ》も『用心棒』では「桑畑」、『椿三十郎』では「椿」と、目の前の景色からとっています。

そんな感じの謎めいた男で、どこから来てどこへ向かっているのか、どのような背景の持ち主なのか、一切が不明という。

特徴としては、汚い身なりに髭《ひげ》も髪もボサボサというワイルドな風体です。彼が登場するまでの時代劇ヒーローは、ほとんどが白塗りの美しいメイクをしていたのが、三十郎はノーメイクに近く、野性味を前面に出している。

しかも、剣の達人であるのと同時に狡猾《こうかつ》な策士でもあり、敵をうまくだましたり罠にはめたりしながら戦っていくという点に、謹厳実直・清廉潔白なだけの優等生ヒーローではない面白みがありました。

## D. 武将系ヒーロー

活躍の仕方や、描かれ方、受け止められ方があまりにも英雄的であり、フィクショナルなアレンジが加えられることもあるので、歴史上の人物でありながらヒーローものに組み込んだほうがよいキャラクターたちがいます。彼らは実在人物でありながらファンタジー的な存在といえます。

## 16《源義経》

平安末期から鎌倉《かまくら》初期の源平《げんぺい》合戦の時に活躍した実在の武将で、鎌倉幕府初代将軍・源頼朝《みなもとのよりとも》の弟。名前と役職名を合わせて「九郎判官《くろうほうがん》」と通称され、天下をとった兄よりもその兄に滅ぼされた義経《よしつね》が遥《はる》かに人気が出たことから、劣勢に立たされている側を応援したくなる心情を「判官びいき」と言われるようになりました。

彼もまた貴種流離譚《たん》型のヒーローです。源氏という武士の棟梁《とうりょう》の一族に生まれながら、父親が平氏と戦い滅びてしまったために鞍馬山で育てられ、そして奥州《おうしゅう》へと流れていく。

しかも、鞍馬では「天狗に育てられた」という設定になっていて、そのために人間離れした軽業の持ち主という忍者的な素養も加わります。そして幼名「牛若丸《うしわかまる》」時代に武蔵坊弁慶《むさしぼうべんけい》と五条大橋《ごじょうおおはし》で決闘し、主従関係を結ぶ——というのも実にヒロイック。美少年の牛若丸と豪傑の弁慶というのもコンビとして画《え》になります。

そして兄の挙兵に参加し、軍勢を率いて「一《いち》ノ谷《たに》の鵯越《ひよどりごえ》」などのさまざまな奇襲戦法を用いて父の仇である平氏を滅ぼすという英雄的な活躍。しかし最後は兄と対立して滅ぼされる悲劇性。

つまり、義経の物語には時代劇の人気要素が全て詰め込まれている、といえます。しかも劇ではたいてい「美少年」という設定ですから、老若男女問わず、ときめくことができる。なので、時代劇の入口として義経ものというのはオススメできます。

【代表作】

**『義経』**（二〇〇五年）

テレビシリーズ、滝沢英明《たきざわひであき》主演、NHK

大河ドラマとして義経の生涯を描いた作品です。放送当時から賛否はありましたが、

一、押さえておくべき見せ場を全て押さえた上で義経の生涯をオーソドックスに見せていること

二、義経＝滝沢をはじめ、弁慶＝松平健《まつだいらけん》、頼朝＝中井貴一《なかいきいち》、清盛《きよもり》＝渡哲也《わたりてつや》、静御前《しずかごぜん》＝石原《いしはら》さとみ、藤原秀衡《ふじわらのひでひら》＝高橋英樹など、時代劇を見慣れていない方でも誰だか分かる豪華メンバーが演じていること

発行・販売元：
NHKエンタープライズ
お問合せ：NHK エンタープライズ ファミリー倶楽部
電話：0120-255-288

この二点から、これから観ようという人たちにとっての入門編としては最適な一本だと思います。

17《真田幸村》

史実での名前は「信繁《のぶしげ》」なのですが、講談などで使われた「幸村《ゆきむら》」の方が定着してしまい、映画もドラマもゲームも、ほぼ全て「幸村」でクレジットされています。近年、大河ドラマ『真田丸』でようやく「信繁」として登場しました。それだけフィクショナルなファンタジー要素のある存在だったといえるでしょう。

彼は真田昌幸《まさゆき》という信州《しんしゅう》・上田《うえだ》を居城とする大名の次男として生まれ、関ケ原の戦いでは父と共に上田城に籠《こ》もって徳川軍を撃退、その後で配流の身となりますが今度は大坂冬の陣・夏の陣で大坂方となり徳川と戦い、形勢不利な状況下で獅子奮迅の活躍をみせます。

こうした活躍を基に、彼の下に猿飛佐助・霧隠才蔵《きりがくれさいぞう》といった「真田十勇士」と呼ばれる忍者たちがいた――という創作が加わり、彼らの奇想天外な活躍とともにヒーローとして人気になっていきます。

【代表作】

『真田風雲録』（一九六三年）

映画、加藤泰《かとうたい》監督、中村錦之助主演、東映

戦後になってからは「幸村が十勇士を率いて戦う」系の時代劇は少なく、あるにしても入門編として薦められるような出来のものは壊滅的だったりしますので、かなり変化球な内容ですがとりあえずこの作品を挙げておきます。

どう変化球かといいますと、霧隠才蔵が実は女性だった――とか、佐助は実は宇宙人で超能力の使い手だった――とかです。しかも主役は佐助なので幸村の影は薄い。

でも、歴史系ヒーローなのにそういう奇想天外な設定も呑《の》み込めてしまう「幸村」という存在のファンタジー性を知ってもらうにはちょうどいい作品だと思いました。

## E．幕末ヒーロー

尊王攘夷《じょうい》やら討幕やら佐幕やら開国やら鎖国やら――何かと複雑に入り組んだ政治ドラマになりがちな幕末ですが、そうした中でもヒーロー的に扱われる歴史上の人物たちがいます。

### 18《新選組》

幕末、討幕（江戸幕府を倒す）を狙う長州《ちょうしゅう》藩をはじめとする各藩が京都で天皇や公家《くげ》に接近しながらテロ活動にいそしんでいました。それを取り締まるべく京都守護職（今でいう京都府庁と府警を合わせたような存在）に雇われて結成された組織が新選組でした。

基本的には浪人たちによって構成されているのですが、そのメンバーが個性豊かなのが人気の要因として大きいです。度量の大きい、隊長の近藤勇《こんどういさみ》。冷徹でダーティワークもこなす副長の土方歳三《ひじかたとしぞう》。病弱の天才剣士・沖田総司《おきたそうじ》。この三人をはじめ、多士済々がいます。

しかも、隊が結成されて世に認められるまでの青春群像劇、池田屋《いけだや》騒動をはじめとする討幕派との抗争のアクションや諜報《ちょうほう》を駆使したサスペンス、そして時代が変化していく中でかつての仲間たちがバラバラになり滅びていく悲劇性——と展開も波瀾に富んでいます。

ただ、戦前と戦後では描き方が全く変わっています。戦前は明治政府だった関係で、明治政府の反対側、つまり幕府に味方をした人間たちは悪役として描かれたわけです。中でも新選組は当時の政府高官の同志たちを取り締まり数多く斬ってきた。それだけに、新選組も悪役側でした。先に挙げた『鞍馬天狗』などはその代表例です。

それが変わるのは戦後になってから。特に決定的になるのは、司馬遼太郎《しばりょうたろう》の書いた二本の小説『新選組血風録』と『燃えよ剣』で、これによって隊士たちのキャラクター性や隊の物語性がクローズアップされて人気を博し、今に至ることになります。


【代表作】

**『新選組血風録』**（一九六五～六六年）

テレビシリーズ、栗塚旭《くりづかあさひ》主演、NET（現テレビ朝日）＝東映京都テレビプロ
隊を守るために非情にならざるをえない土方（栗塚）を中心に描かれる群像劇。戦後の新
選組人気を決定づけた作品でもあります。
個々のエピソードもドラマチックで泣かせてくれるし、脇の脇に至るまで新選組のキャラ
クターたちが見事に描きこまれている。完成度としては群を抜いていると思います。
ただ、白黒画面なのと今の人にはかなり馴染みの薄い出演者たちということで入りにくい
方もいるかもしれません。
そういう方はNHK大河ドラマで放送された『新選組！』という選択肢もあります。これ
は三谷幸喜《みたにこうき》が脚本を書き、香取慎吾《かとりしんご》、山本耕史《やまもとこうじ》、藤原竜也《ふじわらたつや》、堺雅人《さかいまさと》、山本太郎《やまもとたろう》といった今も
人気の高い面々が顔を揃えているので、入りやすいと思います。

19《坂本龍馬》
戦前から幕末ヒーローの一人として描かれてはいましたが、実際には何をしたのかよく分
かっていない人物でもあります。それだけに創作を盛り込みやすい。
幕末を扱った歴史劇では薩長《さっちょう》同盟や大政奉還の裏で暗躍したと描かれることが多いです。
キャラクターとしては、土佐《とさ》藩を脱藩して外国との通商などの商人的な動きをしたり、討

幕に向けてのフィクサー的な動きをしたり、と常識や既成概念に縛られずに未来を見据えて動く自由人という設定であるのが大半です。

それだけに、「改革」を標ぼうする政治家やビジネスパーソンで「尊敬する人」に「坂本龍馬」を挙げる人は多い。でも、そういう場合のたいていは史実の龍馬ではなく、作家の司馬遼太郎が小説『竜馬がゆく』で描いた龍馬像を考えていると思います。実際の龍馬はよく分からない人物なので。ですので、現在に至る龍馬のイメージは基本的に司馬遼太郎の創作に基づいたものだと思ってください。

【代表作】

**『龍馬伝』**（二〇一〇年）

テレビシリーズ、福山雅治《ふくやままさはる》主演、NHK

福山雅治が龍馬を演じています。大河ドラマなので一年かけて龍馬の生涯が過不足なく描かれていますし、基本的には司馬遼太郎の創作した龍馬像がベースになっているので一般的な龍馬のイメージを知るにはちょうどいい作品だと思います。

キャスティングも佐藤健ら知名度の高い人と近藤正臣、蟹江敬三らベテランの名優とがバランスよく配役されていますし、映像のテンポも速いので、時代劇を見慣れていない人の入口にピッタリではないでしょうか。

## F．公権力行使型ヒーロー

お上＝江戸幕府から何らかのお墨付き（許可）を得て、その公権力をもって問題解決に当たるヒーローたちです。実在の人物も多いのですが、キャラクターも物語も多分に創作によって構成されていますので、あえて歴史上の人物たちとは分けました。

見慣れていない人が「時代劇のヒーロー」として思い浮かべるキャラクターたちの多くは、ここに属しているのではないかと思います。それだけに、メジャーな名前が並びます。

ここまで読んでいただくとお分かりいただけると思いますが、彼らは「時代劇ヒーローの典型」ではなく、「数多くいる中の一部」でしかありません。そのことをご理解いただけたのなら、「時代劇初心者」は卒業間近といえます。

### 20《水戸黄門》

水戸藩の元藩主で、徳川将軍の血筋にあって幕府では「副将軍」という重責も担っていました。その後、引退して息子にその座を譲り、自らは隠居生活をします。そのため「水戸のご老公」と呼ばれたりします。

で、ここからが時代劇の創作なのですが。隠居生活だけでは飽き足らず、全国を旅して悪人たちを懲らしめていく。お供には助さん（佐々木助三郎《ささきすけさぶろう》）、格さん（渥美格之進《あつみかくのしん》）という二人の侍を付けての旅です。そこにコメディリリーフの「うっかり八兵衛《はちべえ》」、くノ一（女忍者）「かげろうお銀《ぎん》」といった仲間も後で加わっていきます。

基本的な物語は、

「越後のちりめん問屋の隠居」と身分を偽って旅をする→行く先々の街で弱い者を虐げる権力者に遭遇→その真相をつかみ、問い詰める→襲い掛かる敵を助さん・格さんが返り討ちにする→頃合いを見計らって格さんが印籠《いんろう》を出す→「前《さき》の副将軍、水戸光圀公にあらせられるぞ、頭が高い！」→印籠の葵《あおい》のご紋（徳川家の紋章）を見て、土下座する悪党たち→「めでたしめでたし」で次の街へ

――というのがパターンになっています。

テレビシリーズの初期とか映画の一部ではそれとは異なるスリリングな展開もありますが、基本的にはこういう理解で大丈夫です。

映画では、月形龍之介《つきがたりゅうのすけ》が当たり役で、助さん、格さんは、若手のスターがやりました。テレビになると、TBSで東野英治郎《とうのえいじろう》、西村晃《にしむらこう》、佐野浅夫《さのあさお》、石坂浩二《いしざかこうじ》、里見浩太朗。いまは武田鉄矢《たけだてつや》で復活しました。

最初に挙げた「ウニ理論」から、これは別に観なくてもいいと思うので代表作とかは挙げ

ないでおきます。時代劇の魅力を身体でお感じになった後で、試しにご覧になってみるのもいいかもしれません。テレビシリーズの初期はけっこう見応《みごた》えのある話もありますので。

21《徳川吉宗》

江戸幕府の八代将軍です。権力者の中の権力者ですね。

この人は将軍ですが、徳川傍系の紀州藩《きしゅう》しかもその四男から将軍になるという珍しいルートだったこと、しかも将軍になってからも目安箱を設置して庶民の意見を投書させたり、小《こ》石川《いしかわ》養生所を作って貧しい人でも医療を受けられるようにしたり、町奉行に登用した大岡忠《ただ》相《すけ》が「名奉行」と呼ばれたり――といった実績から、「庶民感情を理解できる権力者」というイメージが根付いていました。

それだけに、古くから講談などの題材にされやすかった。紀州時代の隠し子との悲劇的な再会を描いた「天一坊《てんいちぼう》騒動」や、江戸城を抜け出して街に出かけた時に出会ったサンマの味に感激する「目黒《めぐろ》のサンマ」といったエピソードが創作されています。

【代表作】
**『暴れん坊将軍』**（一九七八年～）
テレビシリーズ、松平健主演、テレビ朝日＝東映吉宗＝ヒーローのイメージを決定づけた作品ですね。

水戸黄門の将軍版といいますか。吉宗が「旗本の三男坊・徳田新之助《とくだしんのすけ》」と身分を偽って江戸の街に出かけ、城にいては分からない庶民たちの苦しみ、大名や悪徳商人の悪事を知り、解決に動く——というもの。

最後は将軍自ら敵地に乗り込み、襲い来る敵を倒していくというかなり大胆な行動に出ます。で、締めに「余の顔を見忘れたか」と言うと大名は「ああ、上様」と頭を下げますが「上様がこんな所にいるはずがない！」と家来に吉宗を襲わせるも返り討ちにあい、最後は吉宗の「成敗！」という号令でお庭番（護衛の忍者）がとどめをさすというパターンです。

なお、実在の吉宗を描いたドラマを知りたいという方には大河ドラマ『八代将軍 吉宗』があります。これは西田敏行《にしだとしゆき》が吉宗に扮《ふん》し、その生涯が一年かけて描かれています。将軍の座をめぐる政治劇としても面白いです。

## 22《遠山の金さん》

実在の北町奉行で遠山金四郎景元《かげもと》という人です。

町奉行というのは今でいうと警視総監と裁判長を兼任した、捜査・司法双方のトップにあたるポジションなのですが、この人も街に出て自分自身で捜査します。

街にいる時は「遊び人の金さん」と名乗り、町人の恰好《かっこう》で過ごします。それで街の人と触れ合っているうちにいろいろな悪事に出くわして、自分でそれを捜査していく。

で、最後に悪党たちと乱闘する時に片肌を出す。そこには綺《き》麗《れい》な桜吹雪の刺青《いれずみ》が入っている。それを悪党たちに見せつけたら一網打尽。逮捕して「お白州」という今でいう裁判所に引き出します。で、悪党たちを尋問するのですが、彼らは証拠を出せと居直る。そこで奉行として裁いている金四郎は啖呵《たんか》をきって片肌をバッと見せるわけです。今まで威風堂々としていたのが、ここで荒々しい江戸っ子口調になる。このギャップが魅力です。

で、悪党は肌に入った桜の刺青を見て「あ、目の前にいる奉行があの時の金さんだ」とようやく気づいて、グウの音も出なくなる。つまり、乱闘の時に桜吹雪を見せたことで金さん自身が証人であり、刺青が証拠品になっているわけですね。

映画では、片岡千恵蔵というスターが当たり役でした。テレビでは主にテレビ朝日が放送していて、中村梅之《なかむらうめの》助《すけ》に始まり代替わりしていきます。次に市川段四《いちかわだんし》郎《ろう》、そのあと橋幸夫《はしゆきお》がやって、一番人気があったのは杉良太郎《すぎりょうたろう》です。杉良太郎のあとは、高橋英樹、松方弘樹、松平健と続き、近年では松岡昌宏《まつおかまさひろ》がやりました。

## 23《大岡越前》

大岡越前守忠相という実在の南町奉行で、「越前守」は役職名です。で、略して「大岡越前」。

吉宗が将軍のときの奉行です。地方の奉行からスカウトされて江戸町奉行になり、吉宗を支える存在として描かれます。

忠相が名裁きをするという「大岡政談」というエピソード集が昔からの講談にありまして、それでもともと有名だったので、遠山の金さんと並んで古くから名奉行の代名詞的な存在でした。

【代表作】

**『大岡越前』**（一九七〇年〜）

テレビシリーズ、加藤剛《かとうごう》主演、TBS＝C．A．L

彼の名前をポピュラーな存在にしたのが、加藤剛が演じたテレビシリーズです。『水戸黄門』と半年ごとに交互に放送されていました。

キャラクターとしては、金さんの反対です。金さんは遊び人でヤクザっぽいキャラクターですが、大岡越前は謹厳実直・品行方正で、真面目一筋。それから、金さんは独身ですが、越前はホームドラマ的な要素もあって、奥さんと仲良くしたり、あるいは、父親に親孝行するシーンがあったり。

一方で、徳川吉宗を山口崇《やまぐちたかし》がやっているのですが、これがあまりに自由に動き回るので手を焼くという展開もあります。

それから、金さんは自分自身が変装して街に出ますが、大岡越前は基本的には奉行のポジションのまま後ろに控えて指示を出す。実際に街で動くのは、与力や同心、それから小石川養生所で働いている親友の医師・榊原伊織《さかきばらいおり》で、演じるのは竹脇無我《たけわきむが》。実働部隊の仲間たちに支えられながら事件に挑むのが大岡越前の特徴です。

## 24《長谷川平蔵》

この人も実在の人で、「火付盗賊改方」という役所の長官です。火盗改は町奉行所とは別に、火付けと盗賊——つまり凶悪犯の集団を相手に特化された部署でした。

奉行所との違いは、その取り締まり方です。

奉行所では「こいつは悪党だ」と思っても、実際に捕まえて、証拠を突きつけて、ちゃんと裁判の形にしないと刑に処せられないわけです。金さんがわざわざ刺青を見せて納得させるのも、そのためです。

でも火付けや盗賊を取り締まる場合——今でいうテロリストみたいなものですから、そうまどろっこしい手続きをしていられない。そこで、火盗改は抜刀して斬ることが認められていました。そして、その長官である長谷川平蔵は悪党たちに容赦なく接していたため「鬼の平蔵」略して「鬼平」と呼ばれていました。

それを主人公に池波正太郎が『鬼平犯科帳』として小説にします。

ここでの大きな特徴は、捜査に当たって鬼平が部下の同心たちだけでなくかつて捕まえた盗賊を「密偵」として使い、その情報網を利用する点です。それが他の作品にない魅力となっています。

密偵たちは盗賊を取り締まることに尽くしながらも、それはかつての自分たちの仲間を裏切る行為でもある。また、それが見つかれば、すぐにひどい目に遭って殺される。そういう密偵たちが物語で重要な役割を果たします。

物語には残虐に人を殺していく「急ぎばたらき」という盗賊と、一つ一つ丁寧に仕掛けをして人は決して傷つけない本格派の盗賊がいて、街に出て隠密《おんみつ》捜査する鬼平がこの本格派の盗賊たちと交流して仲良くなったりする。ただ罰するだけでなく、アウトローたちにも情を通わせるのがこの人の魅力でもあります。

映像作品では、これまで四人の役者が演じてきましたが、中でも中村吉右衛門《なかむらきちえもん》の演じた鬼平がオススメです。情の描き方や当時の風俗の描写が抜群で、江戸情緒の世界を一つのファンタジーとして楽しむことができます。

## 25《中村主水》

奉行所の同心、今でいう警部とか刑事のポジションになります。架空の人物です。しかも、原作なしのテレビでのオリジナルのキャラクター。それって実は、時代劇史の中でもとても珍しいことだったりします。

松竹と朝日放送が作った『**必殺仕置人**』の主人公の一人として登場、後の「必殺」シリーズでも一貫して藤田まことが演じてきました。

この人の大きな特徴は、職場では基本的にほぼ無能扱いで「昼行灯《ひるあんどん》」と蔑《さげす》まれています。昼間の行灯ですから、何の役にも立たないということ。本当に仕事もろくにやらないし、本人もやる気をなくしているし、賄賂《わいろ》も平気で受け取るどころか、自らせびったりして、それをへそくりにするような人です。

家では婿養子でただでさえ扱いが悪いうえに子供ができないということもあって肩身が狭く、姑《しゅうとめ》から「婿どの！」と怒鳴られて、いびられて、ロクな食事もとらせてくれない。

でも裏に回ると剣の達人。「仕置人」という殺し屋として、金をもらって人を殺す。同心なのだから捕まえて罰すればいいと思うところですが、世の中には法の目をかいくぐったり、権力者と繫《つな》がっていたりして罰することのできない悪党も多い。そうした法で罰することのできない悪党を裏で殺していくわけです。

その後「必殺」シリーズはほかのメンバーたちは何度か変わりますが、中村主水だけはずっと出続けました。

## 26《銭形平次》

野村胡堂《のむらこどう》という小説家の創作したキャラクターです。

彼は「岡っ引き」という役職にあります。奉行、与力、同心といった奉行所に勤めている面々は武士ですが、岡っ引きは町人です。奉行所から特別に捜査する権利を与えられた人で、周囲から「親分」と呼ばれる、街の顔役的な存在です。

銭を投げて敵の動きを止めるという特技が大きな特徴になっています。

物語としては、冷静な推理を働かせながら事件を解決へ導いていくという、ミステリー的な展開になっています。このときに、彼の推理を引き立たせるために登場するのが、「下っ引き」というアシスタント的な役割の八五郎。彼は思慮が足りないところがあるので、これとのボケとツッコミ的なやりとりが中心にあります。

それから、平次のライバルの岡っ引きで「三ノ輪《みわ》の万七《まんしち》」という親分がいます。この人が絶えず間違った推理をして、しかもあまり人柄も良くない。万七が冤罪《えんざい》で善人を捕まえたりするのを、「いや、待ってくれ」ということで銭形平次が立ち上がる——というパターンがあります。

映画では、長谷川一夫が演じました。それからテレビでは大川橋蔵が代表的です。フジテレビで放送されたのですが、これが大人気となり連続八百八十八回放送という金字塔を打ち立てます。

銭形平次のもう一つの特徴は、愛妻家であることです。お静《しず》という奥さんがいて、家庭での二人のほのぼのとした雰囲気も人気の要因の一つでした。

《この辺も知っておくといいかも》

あと、とりあえず名前と概略だけでも知っておくといいヒーローたちを簡単に挙げておきます。

27《石川五右衛門》

実在の大泥棒です。安土桃山《あづちももやま》時代に天下人の豊臣秀吉《とよとみひでよし》を相手に盗みをはたらき、最後は捕まって釜茹《かまゆ》での刑に処せられます。彼の活躍は歌舞伎で大きく扱われましたが、その出自がミステリアスであるため、映像作品にもなりやすい。忍者ものの映画では実は伊賀忍者だという設定になっていたり（詳しくは後の章で述べます）、大河ドラマ『秀吉』では秀吉と幼馴染みという設定になっていたりします。

28《鼠小僧》
　彼も盗賊です。江戸後期に金持ちから金を奪い、貧しい者たちにバラ撒《ま》いたということで「義賊」と呼ばれて庶民の人気者となりました。

29《一心太助》
　彼は魚屋です。三代将軍・家光の時代、「天下のご意見番」と呼ばれた旗本・大久保彦左衛門《おおくぼひこざえもん》の屋敷に出入りしていて、持ち前の気っ風の良さと正義感をもってさまざまなトラブルに当たっていきます。一本気な性格で、相手が武士でもお構いなしです。
　若いころの中村錦之助が演じた澤島忠《さわしまただし》監督による映画シリーズが代表的で、コミカルで現代的なタッチとテンポの良さもあって、青春映画としても楽しめます。

30《大石内蔵助》
　実在の赤穂藩家老です。『忠臣蔵』の主人公です。彼に関しては『忠臣蔵』を特集した章を後に設けていますので、そこをご参照くださいませ。

以上の三十名が「とりあえず知っておきたいヒーロー」です。この辺りをなんとなく頭に入れておくと、時代劇についての理解がかなり楽になると思います。

《女性ヒーローもいるぞ!》

ただ、ここまで読んできて気づくことはありませんか。そう「女性ヒーロー」がいない——ということです。

「女性だからヒロインだろう」ということではなく、主人公として活躍する＝ヒーローとしてメジャーなキャラクターに、女性の名前がパッとは挙がらない。だからといって「時代劇＝ミソジニー（男尊女卑の世界）」という先入観は持ってもらいたくもないなと思うわけです。

というのも、結果としてメジャーな存在にはなりませんでしたが、時代劇の中では「女性ヒーロー」も決して少なくはありませんでした。戦う女性たち、結構います。

最後に、そうしたキャラクターたちの登場した作品も挙げていきますね。「入門」編にしては初心者向けというよりはややマニアックな人たちもいますが、「女性ヒーローもいたんだ」ということをご理解いただきたいので。

なお、女忍者（「くノ一」）たちに関しては後の忍者の章で詳述します。また、歌手の美空《みそら》ひばりは一時期ヒーロー的なポジションを時代劇で演じてきましたが、彼女については次章の「とりあえず知っておきたいスター30」に回します。

**『琴姫《ことひめ》七変化』**（一九六〇年）
テレビシリーズ、松山容子《まつやまようこ》主演、日本テレビ＝日本電波
一時期、「戦う女性ヒーロー」を時代劇で一手にやっていたのがこの松山容子でした。姫が若武者姿に男装して戦うという話です。他にも『旅がらすくれないお仙《せん》』『めくらのお市《いち》』といった主演シリーズがあります。

**『女ねずみ小僧』**（一九七一年）
テレビシリーズ、小川真由美《おがわまゆみ》、フジテレビ＝C．A．L
ねずみ小僧が実は男女ペアだったという設定で、しかもリーダーは女性の方だという話になっています。田中邦衛、三國連太郎《みくにれんたろう》というクセ者の役者を相棒に回しても全く当たり負けすることなく引っ張っていく小川真由美が素晴らしい。後に大地真央《だいちまお》主演でリメイクされ、これには三谷幸喜が脚本に参加しています。

**『必殺からくり人』**（一九七六年）

テレビシリーズ、山田五十鈴《やまだいすず》主演、朝日放送＝松竹

「必殺」シリーズのレギュラーには女性もいましたが、いずれも情報屋や元締めと、自ら戦うことはありませんでした。が、本作の仇吉《あだきち》は非業の死を遂げた夫の後を継ぐ形で、元締めでありながら自ら戦闘に参加します。武器は三味線のバチです。

『からくり人』はシリーズ化し、中村主水のシリーズと交互に製作され、山田五十鈴は役柄は変わりながらもほぼ同じキャラクター、同じ武器で戦いました。『仕事人』では主水に合流、元締めのポジションに収まることになります。

**『あずみ』**（二〇〇三年）

映画、上戸彩主演、北村龍平《きたむらりゅうへい》監督、東宝

小山《こやま》ゆうの人気漫画の映画化作品です。幼いころから暗殺者として育てられた少女・あずみが、徳川方に操られて豊臣方の大名を殺していくという話です。映画では上戸彩が演じました。設定や物語自体は抜群に面白いので、この映画が上手くいっていたら時代劇の「戦う女性ヒーロー」ものはもっと映画やテレビで増えていたかもしれません。

ほかにもまだいろいろありますが、「とりあえず」としてはこんな感じです。

「戦う女性ヒーロー」というのはかなり魅力的な存在ですし、現代社会とのリンクの中で共感も呼びやすい。ですので、「これまでにない時代劇」を目指すうえでは実は重要な鉱脈がここにあるようにも思えます。

# 第三章　とりあえず知っておきたいスター30

ここではとりあえず知っておきたい時代劇スター三十名を選びました。

時代劇の多くはスターありきで企画が立てられるというのが基本的にあるし、スターの変遷に合わせて時代劇のあり方も変わっていき、時代劇のあり方の変遷に合わせてスターのあり方も変わっていきました。ということで、時代劇スターにはどういう人がいるのかを知っていくことが、時代劇を知るうえで大きな入口になります。

最初に言ったことですが、時代劇を好きになっていく上でミーハーに楽しむことが大事です。その入口として一番心地よいのが、スターを追いかけ、自分なりの好みのスターを見つけることだと思います。まだ時代劇をご覧になっていない人は、ここに挙げたスターの概要を読んで気になる人がいたら、その人の作品を追いかけてみることから入ってみてはいかがでしょう。

## ①尾上松之助（一八七五年～一九二六年）

立命館大学 ARC 提供
(omph02-0070)

日本で最初の映画スターです。スターには通称・愛称がつきますが、この人は「目玉の松ちゃん」と言われて、小柄で痩《や》せた体ですが、目がギョロッとしていて、それが大画面でとても映えた。明治終わりから大正時代にかけて活躍しました。まだ「時代劇」ではなく「旧劇」と呼ばれていた頃のスターです。

多いときは一ヵ月で九本の映画に主演、実質的に活躍したのは十七年間ですが、出演本数は千本超というめちゃくちゃな状況でした。

基本的に特撮トリックを使った忍術映画で特に子供たちの人気になっています。映画がまだ「活動写真」、時代劇が「旧劇」と呼ばれた時代のスターでした。

## ②阪東妻三郎（一九〇一年～一九五三年）

立命館大学 ARC 提供
(T07-01-0610)

通称「バンツマ」と言われました。

目鼻立ちのクッキリした端整なルックスで、二枚目としてのカッコよさがありました。

それだけでなく、「時代劇」にふさわしく、役者としての表現力もとても優れており、旧劇が時代劇に変わっていくことに対して大きな功績がありました。『**雄呂血**』（一九二五年）や『**魔像**』（一九三六年）で見せたダイナミックながらも悲壮感の漂う殺陣《たて》や、『**血煙高田《たかだ》の馬場《ばば》**』（一九三七年）での躍動感あふれるスピーディな疾走など、新時代のスターらしい激しさと感情表現を併せもったアクションを見せています。時代劇の人気を不動のものとし、「剣戟王《けんげきおう》」と呼ばれます。その一方で時代劇『**狐の呉《く》れた赤ん坊**』、現代劇『**無法松の一生**』（一九四三年）、『**破れ太鼓**』（一九四九年）では、人情味あふれる芝居も見事に演じています。

その功績は役者としてだけでなく、もともと藪《やぶ》だった京都の太秦《うずまさ》を開拓して撮影所を作っており、今に至る時代劇製作の中心地の礎も築いています。

田村高廣《たかひろ》、田村正和、田村亮《りょう》のお父さんでもあります。

③大河内傳次郎（一八九八年～一九六二年）

阪東妻三郎と同時期に出てきた人です。日本で時代劇というジャンルを確立した伊藤大輔監督とのコンビで『**忠次旅日記**』（一九二七年）や『**新版大岡政談**』（一九二八年）に主演しました。これらの作品は「ニヒリズム時代劇」と言われていて、悲劇的な内容です。ヒーローを演じながらも、どこか孤独感があったり、強い怒りや悲しみを秘めた感じを出すのが上手で、敗れていく悲壮な芝居で力を発揮しました。

代名詞的なのは『新版大岡政談』を皮切りに演じた、丹下左膳という片目片腕という特異性のあるキャラクターです。台詞《せりふ》回しも唸《うな》るような独特の発声でしたが、それがかえってスターとしての魅力になりました。バンツマが端整な二枚目スターなら、大河内傳次郎は異形感のあるスターでした。

実際、本人もニヒルな考え方の持ち主だったようです。当時の映画は可燃性のフィルムで、出演した作品の映像が焼失してしまうことがありました。そのことに空しさを覚え「何か形になるものを残したい」と、自分の出た映画のギャラを全部、嵐山《あらしやま》の山荘造りにつぎ込みました。この大河内山荘は京都の嵐山に今もあります。よく手入れの行き届いた庭園があり、その頂に立つと京都市街から嵐山まで三六〇度一望できるところで、当時の映画スターが王者のような存在だったということがよくわかる場所です。

戦後になってからは東映の時代劇などで脇役に回って、大物役を演じていきました。

④片岡千恵蔵（一九〇三年～一九八三年）

スターとして売り出された当初は人気で遅れをとっていましたが、一九二八年に自らプロダクションを設立してから本領を発揮していきました。伊丹万作監督――伊丹十三《じゅうぞう》のお父さんです——とコンビで『**國士無双**』（一九三二年）、『**赤西蠣太**《あかにしかきた》』（一九三六年）という、殺陣やチャンバラに頼らない、風刺的で明るく軽妙な時代劇に出演して注目を集めます。戦後すぐのGHQに時代劇製作を制限されていた時期は、現代劇で探偵「多羅尾伴内」に扮《ふん》し、「七つの顔を持つ男」として、変装しながら剣をピストルに替えて戦っていました。

それから時代劇が解禁されると『**いれずみ判官**』、つまり「遠山の金さん」を映画で当たり役としていました。顔の迫力が凄《すご》いので、お白州で刺青《いれずみ》を見せて凄む場面は「たしかにこれなら悪党もひれ伏すな」という説得力がありました。

その一方で、内田吐夢監督と組んで『**血槍富士**《ちやりふじ》』（一九五五年）、『**大菩薩峠**《だいぼさつとうげ》』（一九五七年）など、文芸的な時代劇に数多く主演して、ただのスターではなく役者としての表現力への評価も高かった。

晩年になると脇役も演じるようになり、加藤剛主演のテレビシリーズ『**大岡越前**』の父親役など、若者たちを支える重鎮ポジションになっていきました。

### ⑤市川右太衛門（一九〇七年～一九九九年）

この人は日本舞踊の名手で、華麗な立ち回りが特徴でした。

代名詞ともいえるキャラクターが『**旗本退屈男**』。ド派手な衣装に身を包んで、豪快な笑い声を上げてから敵をバッサバッサと斬っていきます。自身の華やかなオーラと華麗な身のこなしが、この浮世離れしたキャラクターにピッタリ合っていたわけです。

ある作品では七十人を一気に斬ってしまうわけですが、舞踊的な美しい動きなので残酷に見えない。また、それだけの立ち回りをやっても息一つ乱れない。舞踊の賜物《たまもの》です。美しい立ち回りというものを確立した人でした。戦後は東映で千恵蔵と共に重役待遇のスターとなり、華やかな時代劇の黄金時代をけん引していきます。

京都の北大路に住んでいたことから「北の御大」と言われました。彼の息子がデビューするとき、その地名からとって北大路欣也と芸名がつけられています。

市川右太衛門は片岡千恵蔵と違って、だんだん時代劇が作られなくなったときも最後まで主役スターでいたいと脇に回ることを拒みました。そして舞台で最後まで主役を張り続け、スターのプライドを見せています。

## **⑥嵐寛寿郎（一九〇三年～一九八〇年）**

「疾風！鞍馬天狗」／DVD発売中／発売・販売元：東宝

通称「アラカン」。

代表的な役柄は一九二七年から演じるようになった**鞍馬天狗**です。倉田典膳という浪人が幕末の志士たちを助けるために覆面ヒーロー・鞍馬天狗に変身し、新選組と戦っていくというものです。

この人はあまり背が高くない。顔も二枚目というわけではない。ですが、運動神経は物凄くよくて俊敏だったということと、体が柔軟だったということで、立ち回りに独特の迫力があった。刀を抜いて斬り上げる際に前傾姿勢になりますが、この時に重心が物凄く低いのと、前足の膝《ひざ》を限界までまげた状態で上半身の姿勢だけはまっすぐのまま思い切り遠くまで斬り上げるので、観ている側には刀の切っ先が伸びているように見える。その後ろ足のかかとから刀の切っ先のラインが一直線で美しく、これはこの人にしかできない型でした。

それにスター然としていない朴訥《ぼくとつ》としたしゃべり方や人情味豊かな芝居が相まって、鞍馬天狗は子供たちのヒーローになります。他に『**右門捕物帖**《うもんとりものちょう》』（一九二九年～）での「**むっつり右門**」という同心役もその俊敏な立ち回りと人情味を生かして当たり役にしています。

一九五〇年代になると時代劇に出演する一方で映画『**明治天皇と日露大戦争**』（一九五七

年）で**明治天皇**を演じ、これも当たり役としました。その後、六〇年代には東映の『**網走番《あばしり》外地**』（一九六五年～）シリーズで高倉健《たかくらけん》扮する主人公をいつも助けにくる「**鬼虎《おにとら》親分**」という謎の老人を演じています。

## ⑦長谷川一夫（一九〇八年～一九八四年）

「地獄門」
©KADOKAWA 1953

最初は林長二郎という芸名でした。二枚目としての美しい芝居表現を確立したスターといえます。

映画会社を移籍する際に前の所属会社の雇ったヤクザに襲われ頬を切られており、それをカバーするために、いかに自分を美しく見せていくかということを徹底していきます。

華麗な所作、艶《あで》やかな流し目、そしてメイクも照明も全てこだわりぬき美剣士のスターとして人気になりました。その後のスターたちの二枚目の芝居の雛型《ひながた》になった人です。

映画『銭形平次』シリーズに主演、これも当たり役になります。もともと女形をやっていた人なので、物腰の柔らかさが江戸っ子の粋《いき》を演じるのにピッタリだったわけです。

しかも見栄えだけではなくて、衣笠貞之助監督の『**地獄門**』（一九五三年）といった国際的な評価の高い芸術作品にも主演しており、その表現力も確かなものがありました。

映画が斜陽になると、当時の映画スターがテレビに出たがらない状況に先駆けてＮＨＫの大河ドラマ『**赤穂浪士**』（一九六四年）に主演、時代劇の主戦場が映画からテレビへと移るエポックの役割を果たしています。

その後、宝塚に呼ばれて演出もやっています。

二番目の阪東妻三郎から長谷川一夫までの六人が「時代劇六大スター」と言われていて、この人たちが日本の時代劇におけるスターの芝居の礎をつくっていったわけです。

## ⑧月形龍之介（一九〇二年〜一九七〇年）

この人は「スター」というよりは「役者」といった方がいいかもしれませんが、ルックスではなく確かな演技力をもって主役であり続けたスターの先駆け的な存在としてここに入れておきます。

戦前は伊藤大輔監督の『**斬人斬馬剣**』（一九二九年）など反体制色の強い傾向映画で主演を張り、当時の悲壮感あふれる時代劇で頭角を現わします。立ち回りは華麗というよりは重厚。一刀の重さを表現するタイプの殺陣をしました。

戦後は東映のスターになり、映画版の『**水戸黄門**』（一九五四年〜）はこの人の当たり役でした。やはりスターだっただけあり、老人を演じても気品と風格があった。ただ、この頃になると若手を支えるポジションに回ることが多く、中でも『**一心太助**』シリーズ（一九五八年～）では主人公の後ろ盾となる大久保彦左衛門という老旗本を演じ、重厚な存在感が若い太助を見守るのにピッタリでした。

一方で、その重さや気品は悪役に回ると敵としての強大さとして映り、『**赤穂浪士　天の巻・地の巻**』（一九五六年）では**吉良上野介**を憎々しく演じて浅野内匠頭の前に立ちはだかりました。

先ほどの阪東妻三郎から月形龍之介までの七人を「七剣聖」と呼ぶ場合があります。

## ⑨近衛十四郎（一九一六年～一九七七年）

ここに入れるにはやや地味な存在かもしれませんが、時代劇ファンのあいだで「殺陣の技能に関して誰が最高か」という話題になる時に必ず出る名前なので、頭に入れておかれた方がいいかなと。

この人は画面に映る時の見栄えや迫力を考えて、人一倍長い刀を使いました。そして、リストの強さと柔らかさという長所を活かして、その長い刀を物凄い速さで振る。その構えの迫力、殺気の出し方、すべてにおいて群を抜くものがありました。

戦前に大都映画という小さな映画会社で主役を張っていたのですが、戦中に兵隊にとられ、帰国しても不遇の時代が続きました。それで映画会社を転々としながら、脇役や悪役もこなしながらキャリアを積んでいます。

それで最終的に東映に辿《たど》り着いて、『柳生武芸帳』シリーズ（一九六一年～）で**柳生十兵衛**を演じることで、初めてスターの仲間入りをする。このとき四十七歳。当時のスターは、みんな十代二十代でスターになっていったと考えると、かなり遅咲きでした。

ただ、それまでに悪役も数多くやっていたことで、泥だらけのアクションや敵に追い詰められる芝居といった、スターなら嫌がるようなことも率先してこなし、元々の殺陣の技術とあいまってリアルで迫力あるアクションを見せていきます。

そして六五年に始まるテレビ時代劇**『素浪人月影兵庫』**、**『素浪人花山大吉《はなやまだいきち》』**（一九六九年）という作品で、剣の強さだけではなくコミカルな芝居を見せます。相方の品川隆二《しながわりゅうじ》演じる「焼津《やいづ》の半次《はんじ》」という渡世人との漫才のようなやりとりが大人気となりました。

晩年になってスターの栄光をつかんだ日本では珍しい人で、この人の息子が松方弘樹と目《め》黒祐樹《ぐろゆうき》です。

## ⑩大友柳太朗（一九一二年～一九八五年）

顔立ちのハッキリした二枚目ですが、長谷川一夫的な妖艶《ようえん》さとは対極的な、爽《さわ》やかさ、大らかさ、武骨さ、それから体の大きさを生かしたスケール感が魅力の人です。役者としては不器用でしたが、それがかえってヒーローとしての頼もしさに映り、丹下左膳《たんげさぜん》、右門《うもん》など、他のスターの演じたキャラクターもスケールの大きいヒーローとして新たにリブートしました。

不器用さ、大らかさを逆手に取って、天然ボケ的な魅力のある役柄も演じています。

特に、東映の**『鳳城《おおとりじょう》の花嫁』**（一九五七年）は、『ローマの休日』の殿様バージョンみたいな映画で、結婚相手に納得いかず、自分で街に出ていろいろなトラブルに巻き込まれていくうちにラブロマンスに出会っていくというコメディ。全く世間慣れしていない殿様が騒動を巻き起こしていく。

その一方で**『赤穂浪士　天の巻　地の巻』**（一九五六年）での自分の居場所を求めて彷徨《さまよ》う浪人・**堀田隼人《ほったはやと》**役など、悩めるインテリ的な役もこなしています。

後年になると、立場が近衛十四郎と入れ替わる感じになります。それまで大友柳太朗《おおともりゅうたろう》が主演で近衛十四郎が悪役だったのが、**『十兵衛暗殺剣』**（一九六四年）では近衛十四郎が主演で大友柳太朗が悪役に回ったり。元がスターなだけに、たたずまい・貫禄《かんろく》・押し出しは抜群で、一方の近衛が悪役をやっていただけに両者が対峙《たいじ》した時は主人公が負けるのではないかと思わせるものがあり、そのことが作品に迫力と緊張感をもたらしました。

ここまでは戦前デビュー組です。以降は戦後デビューの役者になります。

## ⑪三船敏郎（一九二〇年〜一九九七年）

それまでのスターは劇団に入る、スカウトされる、弟子入りするといったルートでその道を歩み始めますが、彼は違います。戦後になって東宝という映画会社が「ニューフェイス」といって一般公募のオーディション形式でスター候補生を募り、その第一期生として合格したのが三船でした。

「七人の侍〈Blu-ray〉」／Blu-ray 発売中／発売・販売元：東宝

基本的に黒澤明監督とのコンビでキャリアを重ね、時代劇では**『七人の侍』**（一九五四年）、**『隠し砦の三悪人』**（一九五八年）、**『用心棒』**（一九六一年）、**『椿三十郎』**（一九六二年）といったアクション性の強い時代劇で主役を張ってきました。彼は身体能力がものすごく高く、しかも筋骨隆々の肉体ということで、それを活かした豪快な立ち回りと躍動感と野性味あふれる芝居が特徴です。

それから、時代劇のヒーローやスターのルックスのあり方を変えました。それまでは――長谷川一夫が一つの頂点ですが――基本的にはみんな顔を白く塗って美しい二枚目に見せてきました。それが三船はほぼノーメイクに近い状態で出て、しかも無精髭《ぶしょうひげ》を生やして、髪もボサボサ。型にはまった美しさではなく、型破りのワイルドさが時代劇ヒーローとしてカッコいいという価値観の転換を起こしています。

しかもただワイルドなだけでなく、自分が作った三船プロダクション製作の作品においては、権力や時代の趨勢《すうせい》に対して苦悶《くもん》し滅びていく悲劇的な主人公を演じており、役者としての表現力の素晴らしさ、それから映画プロデューサーとしての能力の高さも示しました。

黒澤作品で主演してきたことから海外でも高い評価を受け、アラン・ドロンとチャールズ・ブロンソンと互角の扱いで共演した『**レッド・サン**』（一九七一年）などで「国際的スター」としても活躍、『**スター・ウォーズ**』の出演オファーも受けています。

国の内外での「サムライ」の代名詞的な存在といえます。

⑫美空ひばり（一九三七年〜一九八九年）

元祖「国民的歌手」です。子供の頃から敗戦後の焼け跡で歌声を披露し、戦後の日本芸能史を象徴する存在といえます。

実は映画にも数多く出演、中でも――期間は短いですが――時代劇映画でも「スター」として活躍しています。なので、紅一点としてリストアップしてみました。

歌手としてだけでなく役者としての才能も抜群で、特に江戸っ子らしい威勢のいいセリフ回しを得意としていました。そのため――姫役もやってはいますが――男装して「ヒーロー」として活躍する作品に面白いものが多いです。

中でも澤島忠監督と組んだ『ひばり捕物帖　かんざし小判』（一九五八年）、『ひばりの森の石松』（一九六〇年）は、前者は岡っ引き役、後者はタイトル通り石松役を演じ、しかもこれが全く違和感がない。男たちの間に入っても全く当たり負けしないのはさすがでした。タイトルに自分の名前が冠されているのも、まさに「スター」といえます。

後年はその澤島監督と共に新宿《しんじゅく》コマ劇場などの舞台で時代劇の公演をしています。

**⑬中村錦之助**（萬屋錦之介）（一九三二年〜一九九七年）

「錦（キン）ちゃん」の愛称で親しまれていました。三船敏郎と並んで、戦後新時代の時代劇スターの代表格です。

元は歌舞伎役者でしたが、映画に転身します。そして主演した『新諸国物語　笛吹童子』（一九五四年）で子供と女性たちから大人気を得て、アイドルとしてスターの道を歩み始めます。

しかも、そこにとどまることなく、役者として精進を重ねていきました。殺陣、格闘、馬術、踊り——時代劇に必要なものは全てマスターします。そうした中で役者として成長していき、澤島忠監督と組んだ『**一心太助**』シリーズでは若者の瑞々《みずみず》しい青春を演じています。

そこからさらに、三十代になる頃には『**反逆児**』（一九六一年）、『**武士道残酷物語**』（一九六三年）、『**仇討**《あだうち》』（一九六四年）で悲劇の主人公を、『**関**《せき》**の彌**《や》**太**《た》**ッぺ**』（一九六三年）、『**沓掛時次郎**《くつかけときじろう》 **遊侠**《ゆうきょう》**一匹**』（一九六六年）では孤独なアウトローを演じ、役者としての幅を広げます。

そしてなんといっても内田吐夢監督の『**宮本武蔵**』（一九六一年～）五部作です。一年に一本ずつ出演し、宮本武蔵のキャラクターに合わせて、自分自身の役者として成長していく姿を見せています。

一九七〇年代に入ると今度はテレビの『**子連れ狼**』（一九七三年～）でこれまでのイメージを一変、眉毛《まゆげ》がなくて、顔を青白くした、かなりダークな雰囲気の浪人を演じました。さらに七八年の映画『**柳生一族の陰謀**』では、あらゆる策略を弄《ろう》して人々を陥れていく、悪のにおいのする策謀家を演じています。

スターというと特定のイメージを大事にしていく人が多いわけですが、この人は自身の年齢や時代劇表現の潮流に応じて芝居のやり方、演じる役柄や芝居の質を全く変えていったという、日本の時代劇スターの中では珍しいタイプでした。

す。

⑭大川橋蔵（一九二九年～一九八四年）

一九五〇年代の東映時代劇黄金時代に、錦之助と並ぶ若手スターとして頭角を現していま
す。

長谷川一夫に近いスタイルの二枚目で、美しさ、華麗さ、それから悲壮美を見せる。特に代表作である**『新吾十番勝負』**シリーズ（一九五八年～）は生い立ちに暗い過去を抱えながら戦うヒーローを演じて人気を博しました。

その後、テレビでは**『銭形平次』**（一九六六年）に主演。これがライフワークになっていきます。連続八百八十八回放送という、おそらく二度と破られないであろう時代劇の金字塔を打ち立てています。

若い頃の華麗さとはまた異なる、温かみと包容力のある人情を表現するようになり、お静という奥さんとの家庭のシーンや、犯人に対して情状酌量を見せる温《ぬく》もりなどで人気を博しました。

錦之助が年齢に応じて芝居や役柄を変えていったのに対して、橋蔵は銭形平次のイメージを守り続けて生涯を閉じています。スターとしての生きざまを見せたといえます。

⑮市川雷蔵（一九三一年～一九六九年）

歌舞伎出身なのですが、かなりの紆余《うよ》曲折を経たのもあって、その芝居にはいつもどこか暗い陰がまとわりつきます。それと、病がちだったのも重なって儚《はかな》い悲壮美が放たれるようになり、その魅力が人気を集めていきました。体が強くないためそんなに激しいアクションはできない。そこで、それをカバーする目的も含めて、美しい立ち姿で勝負する。そのため、一九五〇年代の若いころは貴公子的な役柄を得意としていました。

「眠狂四郎勝負」
©KADOKAWA 1964

代表的な役柄は**『眠狂四郎』**（一九六三年～）です。女性不信で、神を全く信じていない、感情を表に出すことのない徹底してニヒルなキャラクターが彼の悲壮美とマッチしました。また、その必殺技・円月殺法も、刀を体の前で円を描くように一回転させてから斬るというものなのですが、その立ち姿が妖《あや》しさを引き立てています。

この人に関して、いろいろな共演者や関係スタッフが「メイクしているときと、メイクする前が全く違う」と必ず語ります。メイクをすると眠狂四郎になるけれども、する前は、どこかの銀行員みたいな、平凡な顔だと。ノーメイクで飛行機に乗ったら誰も気づかなかったという逸話があります。それだけ、見事にゼロから役を作り上げていたといえます。

それから、その「よくある雰囲気」を逆に利用したのが、市川崑監督、三島由紀夫《みしまゆきお》原作の**『炎上』**（一九五八年）で、純朴な青年が金閣寺《きんかくじ》を炎上させるまでの心理を繊細な役作りで演じました。二枚目としてだけではなく、役者としても評価が高かった。

三十七歳の若さで亡くなってしまいますが、その儚さのために伝説のスターとなりました。

「座頭市物語」
©KADOKAWA 1962

### ⑯勝新太郎（一九三一年〜一九九七年）

通称は「カツシン」です。

市川雷蔵とデビューは同期ですが、最初は人気で大きく差をつけられていました。もともと丸顔で目がクリクリで、本人もガキ大将的な雰囲気を持っていたのですが、当時は長谷川一夫的な二枚目の全盛期。白塗りの美しい二枚目というのが時代劇スターの基本パターンでした。市川雷蔵はそこをうまいこと長谷川一夫と違う二枚目像を出せましたが、勝新太郎は長谷川一夫を真似するところから始めてしまった。これが全く似合わないわけです。キャラクターが全く違うので。

それで途中から開き直って、もっと自分らしさを出そうということで、自分の最大の弱点であった大きな目を瞑《つむ》る、盲目の按摩《あんま》である**「座頭市」**（一九六二年〜）というキャラクターに出会います。

目を瞑った状態で敵を斬りまくる豪快な殺陣が人気になると同時に、アウトローとしての悲しみ、哀れさも表現しています。市川雷蔵の正反対にある、男くささ、豪快さ、ワイルドさ、派手なアクションで人気を集め、雷蔵と「カツライス」と並び称されます。

**『座頭市』**以外にも**『悪名』**（一九六一年～）、**『兵隊やくざ』**（一九六五年～）といった人気シリーズがある他、**『人斬り』**（一九六九年）という映画では幕末の京都を舞台に、コンプレックスを抱えながらも人を斬ることでしか生きていく道を見出《みいだ》せない岡田以蔵の悲劇を演じきっています。

また、後年は大河ドラマ**『独眼竜政宗』**（一九八七年）で政宗の前に立ちはだかる秀吉を演じて貫禄を見せました。が、晩年はスキャンダラスな部分や豪快エピソードばかり取沙汰《とりざた》されるようになり、役者としてはほとんど活躍できませんでした。

## ⑰若山富三郎（一九二九年～一九九二年）

「子連れ狼　親の心子の心〈東宝 DVD 名作セレクション〉」／ DVD 発売中／発売・販売元：東宝

勝新太郎のお兄さんです。

珍しい経歴の人で、当時の映画スターはたいてい一つの映画会社に専属していたのですが、この人は転々としています。デビューは新東宝で、弟と同じく長谷川一夫系の二枚目スターとして売り出されました。ただ新東宝が早々に潰《つぶ》れてしまい、うまくいかなかった。

そこから東映に移りますが、段々と脇役に甘んじていくようになり、また東映自体も時代劇の本数を減らしていきます。そこで弟の勝新太郎を頼って大映に移籍、「**城健三朗**《じょうけんざぶろう》」と名前も変え、勝新太郎や市川雷蔵を相手に悪役を演じ、かなりの迫力を見せつけています。ただここでいろいろトラブルに遭い、再び東映に戻ります。この時の東映はヤクザを主人公にした任侠映画が全盛で、悪役、脇役をこなしながら人気を上げ、特に藤純子《ふじじゅんこ》主演『**緋牡**《ひぼ》**丹博徒**《たん》』シリーズ（一九六八年～）でコミカルな魅力を発揮、スターに返り咲きます。

時代劇では一九七〇年代初頭に弟の勝が製作した映画版『**子連れ狼**』シリーズ（一九七二年～）で主演、凄《すさ》まじいアクションを見せています。

実はものすごい甘党で、当時の時代劇スターには珍しく体は大柄な上に太めなのですが、その体の大きさに似合わない、ものすごい身体能力の持ち主でした。刀を抜くスピードの速さ、納める速さは抜群ですし、槍に薙刀《なぎなた》に手裏剣、すべての武具を使うのが上手い。それから「トンボ」といって、バック転のような動きの名手でとても身が軽い。『**子連れ狼**』では殺陣の中にアクロバティックなアクションをたくさん織り交ぜています。

さらに後年は性格俳優としても活躍。映画『**悪魔の手毬唄**《てまりうた》』（一九七七年）などで老刑事役など、枯れた魅力も巧みに表現しています。晩年はリドリー・スコット監督の『**ブラック・**

けています。

レイン』（一九八九年）に出演、松田《まつだ》優作《ゆうさく》に命を狙われるヤクザの親分を演じ、貫禄を見せつけています。

## ⑱仲代達矢（一九三二年～）

ズバリ「役者」という人なので、「スター」の項目に入れるのは違和感のある方もいるかもしれませんが、時代劇における功績の数々を考えると、やはりここにリストアップしてみようと思いました。

これまで挙げてきた人たちはすべて、映画会社に所属し、映画の世界で育ち、映画の世界で売り込まれて、映画の世界でスターになった役者たちです。でも、仲代達矢は俳優座という劇団に所属していて、映画会社に所属しなかった。普段は「新劇」つまりシェイクスピアやチェーホフなどの海外の演劇を舞台で演じながら、一方で映画にも出演しています。そして数多くの時代劇で活躍した。そういう点で当時では珍しい活動スタイルでした。

そのため、スターは自身のイメージを作り上げそこに役を合わせていくことが多いですが、この人の場合は何か代表的なキャラクターやイメージを持つというよりは、いろいろな名監督たちから呼ばれては出ていくということで、主役、脇役、悪役、関係なく演じています。

特に大きかったのは黒澤時代劇です。『**用心棒**』（一九六一年）、『**椿三十郎**』（一九六二年）

と、二本続けて作られた映画で、三船敏郎のライバル役として、それぞれ全く異なる役柄を演じています。『用心棒』は厭《いや》らしい感じのヤクザ役で、『椿三十郎』では、一本気な侍の役でした。

それ以外にも、小林正樹監督の『**切腹**』（一九六二年）、『**いのちぼうにふろう**』（一九七一年）ではさすが新劇役者という重厚な芝居をする一方で、五社英雄監督の『**御用金**』（一九六九年）では、木の上から吊《つ》るされたり、崖《がけ》をよじ登ったりという命がけのアクションもやる。同じ年に同じ五社監督が撮った『**人斬り**』（一九六九年）では冷酷な悪役を演じています。

その一方で、岡本喜八《おかもときはち》監督の『**斬る**』（一九六八年）、『**着ながし奉行**』（一九八一年）では、飄々《ひょうひょう》とした感じのコミカルな芝居を見せて、変幻自在、さまざまなスタイルの芝居をしています。

近年でも『**果し合い**』（二〇一五年）、『**帰郷**』（二〇二〇年）といった時代劇で主演、枯れた魅力を演じています。

## ⑲里見浩太朗（一九三六年〜）

もともとは、錦之助、大川橋蔵に次ぐ形で出てきた、東映期待の若手美剣士系二枚目のスター候補生でした。が、彼が頭角を現してきた頃はもう時代劇映画は落ち目ということもあり、映画スターになる波に乗りきれませんでした。

「長七郎江戸日記 DVD-BOX（7枚組）」／DVD 発売中／発売元：TBS サービス／販売元：東宝

その時期、東映は、いままでの美しい時代劇からリアルな時代劇へということで、集団時代劇を始めます。**『十三人の刺客』**（一九六三年）や**『大殺陣』**（一九六四年）など、リアルなタッチの集団時代劇の主役、あるいは、ナンバーツーの役をやるようになります。作品自体は面白いものの一般的なところに届くような大ヒット作品ではなかったので、「スター」というところにまでは行けなかった。

その後はテレビに移って実績を重ねていきます。それでも、キャリアを考えると最初は扱いは良くありませんでした。

たとえば**『大江戸捜査網』**や**『水戸黄門』**、**『江戸を斬る』**で主役を張りますが、『大江戸捜査網』は初代の主役が杉良太郎です。杉が降板して、二代目が里見浩太朗。『水戸黄門』も同じく、杉良太郎が降板して次の「助さん」役が里見浩太朗になる。『江戸を斬る』も西郷輝彦の後を受けてのものでした。

本来、当時のキャリアだと里見浩太朗が杉良太郎や西郷輝彦より遥《はる》かに上です。その後釜《あとがま》に入るというのは、ある種の格下的な扱いです。それを甘んじて受けながら、自分自身の立場を作っていったということで、粘り強い人とも言えます。

殺陣も特徴的です。『**長七郎江戸日記**』（一九八三年～）が代表的ですが、三船敏郎以降、時代劇の立ち回りがどんどん激しい方向に行くなかで、かつての市川右太衛門的な華麗な立ち回りを復権させようとして、舞い踊るような美しい殺陣を見せています。

一方、日本テレビの年末時代劇スペシャル、『忠臣蔵』、『白虎隊』などでは悲劇の芝居を大熱演、市川右太衛門的な華麗な部分と、片岡千恵蔵的な重厚な芝居を併せ持った人で、まさに東映時代劇の申し子といえます。

## ⑳緒形拳（一九三七年～二〇〇八年）

発行・販売元：NHKエンタープライズ
お問合せ：NHK エンタープライズ ファミリー倶楽部
電話：0120-255-288

仲代達矢と同じく、時代劇だけにとどまらない名優として知られていますが、この人はもともと新国劇という時代劇を中心にやってきた劇団出身で、辰巳柳太郎という国定忠治などの当たり役をもつ劇団の看板役者の弟子としてキャリアは始まります。

デビュー当時は東映時代劇などの脇役で出ていましたが、大きく頭角を現したのは一九六五年のＮＨＫ大河ドラマ『太閤記《たいこうき》』で主人公の秀吉に抜擢《ばってき》されてからです。これにより、世間的にはほぼ無名だった役者が一躍スターになっていきます。さらに、二年連続で緒形拳は大河ドラマに出演、翌年の『源義経』で弁慶を演じました。二年連続で大河ドラマに大役で出るというのは、後も含めてほとんどないことです。

その後は、一九七二年のテレビシリーズ『必殺仕掛人』でニヒルな殺し屋・藤枝梅安をやりました。表の素朴な雰囲気と、無表情に人を殺すという二面性を見事に演じ分けています。一九八〇年代は「日本映画の文芸作品は全て緒形拳」みたいな時代になっていました。それでも時代劇の脇役で出ることもあり、『影の軍団 服部半蔵』（一九八〇年）という映画では、全身を黒く塗った、ターミネーターみたいな悪役をやったりしています。

晩年は、大河ドラマ『毛利元就《もとなり》』（一九九七年）で主人公の前に立ちはだかる最強の大名・尼子経久《あまごつねひさ》の役、『風林火山』（二〇〇七年）でも、宇佐美定満《うさみさだみつ》という上杉の軍師として主人公に立ちはだかる役を演じて、キャリアの最後まで迫力ある芝居を見せてくれました。

## ㉑加藤剛（一九三八年〜二〇一八年）

この人は仲代達矢に次いで新劇から時代劇スターになった役者です。仲代が変幻自在にさまざまな役を演じたのに対して、加藤剛は「ミスター実直」といいますか、基本的に正義、信念を守り通すという役柄をひたすら演じてきました。

基本的にそのスタイルは折り目正しく、人としての筋を曲げない、曲がったことが大嫌いというういつも姿勢がビシッとした演技をしています。またそれがとにかく似合っていました。

最初に時代劇で注目を浴びたのがテレビシリーズの『**三匹の侍**』（一九六四年）で、丹波哲郎が一年で降板する代わりに加入、豪快な丹波に対して実直な加藤という感じで新たなカラーを出して一躍人気者になりました。

それから代表作となったのはテレビシリーズの『**大岡越前**』（一九七〇年〜）。詳しくは前章「ヒーロー」編で述べているので、そちらをご覧ください。

また同時期には池波正太郎原作のテレビ時代劇『**剣客商売**』（一九七三年）に主演。ここでも、まじめ過ぎて厳しい稽古《けいこ》ばかりさせるため生徒が寄り付かない、若き道場主の役を演じています。

大河ドラマでは、『**風と雲と虹と**』（一九七六年）で主人公の平将門《たいらのまさかど》役を演じ、それまで朝廷に反乱を起こした逆賊とされていた将門を、関東のために立ち上がった「正義の人」として演じました。

『**関ヶ原**』（一九八一年）の石田《いしだ》三成《みつなり》もそうですが、それまで悪役的に捉《とら》えられてきた人間を加藤剛が演じることで、正義と真実の人という雰囲気になっていく。この時の三成は正義感が強すぎて全く融通の利かない不器用な男で、それは傲慢《ごうまん》にすら映るというさらに極端なキャラクターになっていましたが、まさに加藤剛にピッタリの役柄でした。

## ㉒北大路欣也（一九四三年〜）

発行・販売元：
NHKエンタープライズ
お問合せ：NHK エンター
プライズ ファミリー倶楽部
電話：0120-255-288

市川右太衛門の息子として東映でデビューします。同じく、近衛十四郎の息子である松方弘樹との二世コンビで売り出すわけですが、当時（六〇年代前半）は時代劇映画が落ち目の時期だったのでなかなかうまくいかなかった。

その後、劇団四季に行ったり、さまざまな現代劇などに出たりしながら、キャリアを重ねていきます。その中には『**仁義なき戦い**』（一九七三年〜）シリーズや『**八甲田《はっこうだ》山《さん》**』（一九七七年）などがあり、スターというよりは「役者」としてその評価を高めていきます。

その後、先輩のスターたちが映画やテレビの第一線から撤退したりして京都の時代劇が寂しくなってきた時に戻ってきて、八〇年代から九〇年代にかけての東映時代劇の看板を背負う形になります。

特にテレビ東京で正月二日に放送していた十二時間時代劇では、八〇年代から九〇年代にかけて、最も多く主役を務め、**宮本武蔵**、**柳生十兵衛**、**徳川吉宗**などのメジャーなヒーローを演じています。

それに加えて、九〇年代にはフジテレビで『**銭形平次**』（一九九一年）『**忠臣蔵**』（一九九六年）、〇〇年代にはテレビ朝日で『**子連れ狼**』（二〇〇二年）と、東映の先輩スターたちが当たり役にしてきた役柄を継承して現代に繋《つな》げました。

NHKの大河ドラマでは、『**竜馬がゆく**』（一九六八年）で主役をやっていますが、それ以外では基本的に脇に回っており、『**独眼竜政宗**』（一九八七年）、『**北条時宗**《ほうじょうときむね》』（二〇〇一年）、『**篤姫**《あつひめ》』（二〇〇八年）などで、主役を張る若手キャストたちを支える役割を果たしています。

最近はCMの出演や現代劇の悪役などでも活躍していますが、時代劇もちゃんと出続けてくれて、『**三屋**《みつや》**清左**《せいざ》**衛**《え》**門**《もん》**残日録**』（二〇一六年）や『**剣客商売**』（二〇一二年〜）など主演の新作が近年も続いています。

にぎやかな時代を知る時代劇スターたちがいなくなっていく中で、現役のスターとして時代劇にとどまって活躍してくれている人です。

## ㉓松方弘樹（一九四二年～二〇一七年）

発行・販売元：
NHKエンタープライズ
お問合せ：NHK エンタープライズ ファミリー倶楽部
電話：0120-255-288

北大路欣也と一緒に「二世スター」コンビとして売り出された、近衛十四郎の息子です。ただ、デビュー時期が時代劇映画の落ち目の時期だったので、ここから流転となります。

任俠映画をやったり、市川雷蔵亡き後は大映にレンタル移籍してその役を受け継いだりしましたが、それもなかなかうまくいかなかった。

頭角を現すのは七三年の**『仁義なき戦い』**でここでのヤクザ役で人気が出ます。また、同時期には大河ドラマ**『勝海舟《かつかいしゅう》』**（一九七四年）で、病で倒れた主役の渡哲也の代役を務め、一般層にも名前が知れ渡るようになりました。

その後、時代劇にも出てはいますが、主には東映のヤクザ映画が多かった。

時代劇では長いシリーズの最後を飾ることが多いのも特徴です。**『大江戸捜査網』**（一九七九年～）、**『遠山の金さん』**（一九八八年）など、主人公が代替わりしていく中で、そのシリーズとしての最後の主役を務めています。

先輩たちの芝居に強く敬意を払う人で、時代劇に出る時は徹底して作り込んだ芝居をします。殺陣は父親譲りで、リストを利かせてメリハリのある動きをしています。

リアルよりも、カッコよさを見せつける。かつての時代劇の良さを伝えようとしていて、後年に出演したリメイク版『**十三人の刺客**』（二〇一〇年）でも、他の役者たちがひたすら激しく動き回る殺陣をする中、一人だけ静と動の緩急を使った殺陣を（自ら演出して）披露。先人たちから受け継がれてきた「殺陣のあるべき姿」を貫き通しました。

## ㉔高橋英樹（一九四四年〜）

時代劇のイメージが強いですが、もともと日活の青春スターで、時代劇はあまり出ていませんでした。映画界が斜陽になっていく六〇年代後半にテレビの時代劇に出るようになり、大河ドラマ『**竜馬がゆく**』（一九六八年）で武市半平太《たけちはんぺいた》を演じて時代劇役者としても評価を高めます。

その後、七〇年代になると松竹の映画『**宮本武蔵**』（一九七三年）、『**狼よ落日を斬れ**』（一九七四年）、フジテレビの『**おらんだ左近《さこん》事件帖**』（一九七一年）、『**隼人《はやと》が来る**』（一九七二年）、『**ぶらり信兵衛《しんべえ》道場やぶり**』（一九七三年）など、さまざまな時代劇に主演して「時代劇スター」としての地位を確立します。

この人の強みは豪快さです。もともと体が大きいし、顔も芝居もメリハリがあるので、それを利用したダイナミックかつ重みのある殺陣と、大らかな笑い方などで、スケールの大きなヒーローにピッタリでした。

日本テレビの『**桃太郎侍**《ももたろうざむらい》』（一九七六年）では般若《はんにゃ》の面をつけ、派手な恰好《かっこう》で敵地へ乗り込んでいって、数え歌を唱えてから敵を斬るという無茶苦茶なキャラクターを演じましたが、あまりに堂々とやっているためかえって迫力が出て、その無茶さが吹き飛んでいます。その後、テレビ朝日の『**三匹が斬る！**』（一九八七年）でも豪傑系の浪人を演じています。

一方、大河ドラマ『**翔**《と》**ぶが如く**』（一九九〇年）では、薩摩《さつま》藩主の父親である島津《しまづ》久光《ひさみつ》を演じて、西田敏行扮する西郷隆盛《さいごうたかもり》の前に憎々しく立ちはだかりました。

まだルックスも衰えていないだけに、バラエティ番組ばかりに出ている現状があまりにもったいなく思えます。

## ㉕杉良太郎（一九四四年〜）

いままで語ってきた役者は、映画会社、劇団、父親がスターだった――と出身母体がありますが、杉良太郎はそうではないんですよね。ご本人も「雑草育ちだ」と。もともと歌手で、そこから紆余曲折を経て時代劇に出るようになりました。

最初は高橋英樹と同じく日活で現代劇に出ていたのですが、一九六七年、ＮＨＫで松本清《まつもとせい》張《ちょう》原作の『文五《ぶんご》捕物絵図』という時代劇の主役に抜擢され、ここからスターになっていきます。

当時のNHKは人を育てる意識がものすごく強かったので、新人を抜擢するからにはちゃんと育てようということで、何ヵ月も前から殺陣師や所作指導、演技指導が付き切りで教えて、現場に入る前の段階でいろいろなことができるようになってから本番になります。この人はNHKに育てられたわけです。

その後、『水戸黄門』（一九六九年〜）での助さん役を経て、『大江戸捜査網』（一九七〇年〜）、『遠山の金さん』（一九七五年〜）、『新五《しんご》捕物帳』（一九七七年〜）で人気を得ていきます。流し目であったり、片肌を見せるとか、殺陣の時に裾《すそ》が見えたり——という長谷川一夫系の色気のある芝居をやりながら、マダム層の人気を得ていきました。ただ本人はそれだけだと思われることにかなり不満があって、自分自身で脚本や演出に口を出していきながら、社会問題を盛り込んだり、助けるべき人を最終的に助けられなかったりといった、苦い展開にしていきました。舞台でも基本的には悲劇的な芝居をやっています。

八〇年代になるとあまりに忙しくなりすぎて個々の芝居がおろそかになると考え、人気絶頂の中でテレビ作品からの撤退を宣言しました。雑草育ちだからこその反骨だといえます。

## ㉖藤田まこと（一九三三年〜二〇一〇年）

もともと喜劇『**てなもんや三度笠**《さんどがさ》』（一九六二年）で人気を博します。

そこからしばらく低迷しますが、喜劇から時代劇へ向かっていき、七三年にテレビシリーズ『**必殺仕置人**』で抜擢されて、同心の中村主水を演じて復活します。

普段は町奉行所の同心ですが、全く仕事ができずバカにされている。家に帰っても、姑《しゅうとめ》と奥さんの尻《しり》に敷かれている。そんな情けない男ですが、いざ裏に回ると、殺し屋として凄腕という。しかも、お金にも汚いし、ハードボイルドな人生観を持っている男。喜劇出身でありながら、いろいろ泥水をすすってきた人間だからこそのコミカルさとハードボイルドの魅力を併せ持った芝居を見せ、時代劇スターの仲間入りをしました。

その後、時代劇では長く中村主水を中心にやっていきますが、後年は、池波正太郎原作の『**剣客商売**』（一九九八年）で秋山小兵衛《あきやまこへえ》という新たな当たり役を得ました。息子に自分の道場を譲って、若い奥さんと悠々自適な暮らしを送るという老剣客の役を演じて、人生の達人としての境地を見せていく。年代ごとに新たな当たり役に出会えた、稀有《けう》なスターです。

スターといっても、庶民的な親しみやすさが魅力の人でした。

### ㉗千葉真一（一九三九年〜）

もともと東映の現代劇をやってきた人で、『キイハンター』などで命がけの――いまトム・クルーズがやっているような――アクションの先駆けをやっていた人です。それこそヘリコプターから飛び降りたり、走る列車の屋根に橋から飛び移ったり。

時代劇への出演はデビューして十八年が経ってからになります。それが一九七八年の『**柳生一族の陰謀**』で、ここでの柳生十兵衛が当たり役となり、映画『**魔界転生**』（一九八一年）などでも演じています。また、八〇年にはじまる『**影の軍団**』シリーズでは服部半蔵役を演じ、十兵衛と半蔵とでその身体能力を存分にいかしたド迫力の殺陣を見せています。

また、ジャパンアクションクラブ（ＪＡＣ）を創設、スタント・アクションのできる役者を育て、そこで育ったメンバーを京都の時代劇の現場に連れていきました。そして時代劇の芝居の中にそうしたアクションを持ち込んで、これまで表現できなかったアクロバティックな動きが時代劇の殺陣で表現できるようになったわけです。

一九八九年の映画『将軍家光の乱心　激突』ではアクション監督も担当。馬を使った壮絶なスタント・アクションを創り出しました。時代劇の表現が定形化し、大人しくなっていく中で、新たな可能性を追求、挑戦し続けたスターです。

ＪＡＣから真田広之《さなだひろゆき》、志穂美悦子《しほみえつこ》、伊原剛志《いはらつよし》、堤真一《つつみしんいち》など、後の時代劇を支えることになるさまざまな役者が誕生しました。

## ㉘松平健（一九五三年〜）

勝新太郎の弟子に当たる人で、テレビシリーズの『**座頭市物語**』（一九七四年）をやっていたときに、勝の付き人をしていたところ、勝が自ら監督したエピソードで主役ゲストに大抜擢されます。相手役は大スターの浅丘《あさおか》ルリ子。ここで頭角を現します。

そして決定打となったのは『**暴れん坊将軍**』（一九七八年）。ここで徳川吉宗を演じ、スターの仲間入りをしました。これが人気を博し橋蔵の『**銭形平次**』に次ぐ約二十五年におよぶロングシリーズになりました。その間、彼はずっと朴訥として爽やかな、永遠の好青年としての吉宗のキャラクターを守っていました。

ただそれだけの役者だったわけではなく、大河ドラマでは『**草燃える**』（一九七九年）で悪徳に落ちていく権力者役を演じました。また、近年では『**鬼平犯科帳**』のスペシャル（二〇一一年）や、時代劇専門チャンネルの池波正太郎時代劇『**顔**』などにも出て、盗賊や殺し屋の役でアウトローの芝居も見せています。

と思ったら舞台公演の締めにはド派手な殿様の恰好で歌い踊る「マツケンサンバ」を披露、これが大ヒットしています。ミュージカルでは『**風と共に去りぬ**』（一九八七年）、『**王様と**

**私**』（一九八八年）もやっていて、実はエンターテイナーとして幅広く挑戦しています。「時代劇スターらしい時代劇スター」の風格の持ち主としては、この人が現時点では最後――という感があります。

㉙**真田広之**（一九六〇年～）

千葉真一から徹底した英才教育を子供の頃から受けてきました。顔も二枚目で、運動神経も非常に優れている。類《たぐ》い稀《まれ》な身体能力、さらに日本舞踊もやってきたので美しい所作もできる。そして、ありとあらゆる武芸ができる。オールラウンドプレーヤーです。

時代劇でも実績を残していて、『**柳生一族の陰謀**』（一九七八年）、『**魔界転生**』（一九八一年）、『**忍者武芸帖百地三太夫**《ももちさんだゆう》』（一九八〇年）などの作品で、さまざまなアクロバティックなアクションを展開しました。特に、初主演時代劇となった『忍者武芸帖百地三太夫』では、伏見《ふしみ》城の天守閣からダイブして堀に落ちるという。和製ジャッキー・チェン的なことを時代劇でやっていました。

一方で、大河ドラマ『**独眼竜政宗**』（一九八七年）では、ヤンチャで聞き分けのない松平忠《ただ》輝《てる》という家康の息子を演じることもあれば、『**太平記**』（一九九一年）の主人公・足利尊氏では、絶えず理想と現実のあいだで悩み苦しむ役柄を演じました。それから、『**秀吉**』（一九九六年）の石田三成では、コミカルな雰囲気の芝居を見せている。と思ったら深作欣二監督の**『必殺4　恨みはらします』**（一九八七年）では、狂気の悪役で、仕事人チームがよってたかっても勝てない敵を演じました。

テレビドラマや現代劇の映画で「普通の好青年」を演じることもあり、アクションだけでなく演技力も確かな人です。この人が日本の時代劇を背負って立ってくれていれば、いろいろ状況は変わっていたかもしれません。が、今の主戦場はアメリカで、そこでもちゃんと結果を出しています。

できれば、戻ってきて日本の時代劇に活を入れてほしいというか、真田広之が戻ってきて、ちゃんと受け止められるだけの日本の時代劇でないといけないと思います。

## ㉚渡辺謙（一九五九年〜）

発行・販売元：NHKエンタープライズ
お問合せ：NHK エンタープライズ ファミリー倶楽部
電話：0120-255-288

真田と同じく、主戦場を日本からアメリカに移してしまった人です。この人の不在も、近年の大きな痛手だったと思います。

出身は演劇集団「円」という橋爪功の主宰する新劇の劇団。八〇年代の前半に時代劇・現代劇の脇役をこなしながら徐々に注目を浴び、八七年のＮＨＫ大河ドラマ**『独眼竜政宗』**で主役に抜擢されて一気にスターの仲間入りを果たします。この時の存在感や芝居のスケールの大きさは圧倒的で、時代劇の新時代を担う期待を一身に浴びます。

ですが、映画『**天と地と**』で主役の上杉謙信《けんしん》に起用された際、白血病に倒れます。長い闘病の末、復帰したのは『**仕掛人 藤枝梅安**』（一九九一年〜）でした。抗がん剤の後遺症を逆手にとった坊主頭役で、繊細で情感あふれる芝居で殺し屋の切なさを演じています。

その後も何度か倒れましたが、大河ドラマ『**炎立つ**《ほむらたつ》』（一九九三年）に主演したり、『**北条時宗**』（二〇〇一年）ではダークサイドに落ちていく父親を演じるなど第一線で活躍。『**御家人斬九郎**《ざんくろう》』（一九九五年）では彼らしい豪快さに現代的なコミカルさを合わせた軽妙な芝居をみせ、新たな当たり役となりました。テレビ版『**壬生**《みぶ》**義士伝**』（二〇〇二年）での、朴訥とした新選組隊士役では泣かせてくれます。

そしてアメリカ製時代劇の『**ラスト サムライ**』（二〇〇三年）でアカデミー賞にノミネート、以降はハリウッドやブロードウェイで活躍することになります。日本で一流の役者はワールドクラスの実力があることを身をもって証明してくれたわけですが、真田広之と同じく、もっと彼が活躍できる日本の時代劇でなければならないと思います。

これ以降の世代となりますと、現時点で「時代劇スター」というのはいないんですよね。

つまり、時代劇は本数もないし、時代劇中心に力を入れてやっている俳優はいない。ただ、時代劇に数多く出ている、実績を残している人はいます。真田・渡辺の同世代には役所広司、佐藤浩市《さとうこういち》、中井貴一などがいますし、近年は東山紀之《ひがしやまのりゆき》、松岡昌宏、岡田准一《おかだじゅんいち》といったジャニーズ勢も時代劇を主戦場に活躍しています。が、ここに並べるには「いろいろな仕事をやっている中での時代劇出演」という感じもしますので、「とりあえず」からは外しました。

これから時代劇をご覧になる方は、これらの人名で気になる人がいたら、その人の出演作品から観てみて、ハマったら、そこから掘り下げてみることをオススメします。それが入門としては最も入りやすいと思うので、試しにそのように楽しんでもらえればと思います。

# 第四章　とりあえず知っておきたい監督10

ここでは時代劇を撮ってきた「とりあえず知っておきたい」監督を十名ほど紹介します。「十名は少ないじゃないか！」と思う方もおられることでしょう。でも、「監督名を気にしながら作品を観る」というのは、時代劇に限らず――黒澤明やスピルバーグなどの一部の大メジャーな監督を除き――実はもう初心者の行動ではないんですよね。ある程度映画の見方が分かってきたり知識がついてきた時に気になり出すのか「監督」だったりするので。なので、ここでは時代劇史の礎を築いた、特に重要と思われる面々を絞りに絞ってピックアップしてみました。

## ①牧野省三（一八七八年〜一九二九年）

日本で最初の映画監督です。一九〇八年の初監督作品『**本能寺合戦**』に始まり、その後もずっと時代劇を撮りました。当時はまだ「旧劇」という名称でした。

功績としては、日本で最初の時代劇スターである**尾上松之助**を、スカウトしてスターに育て上げたこと。その後も、**阪東妻三郎**、**片岡千恵蔵**、**市川右太衛門**、**大河内傳次郎**、後のスターになっていく役者を次々ピックアップしていった。

さらに言うと、この後に出てくるマキノ雅弘監督、松田定次監督の父親でもあり、この牧野流が日本の時代劇の源流になっていくわけです。ここでピックアップした監督十名中の三人がこの父子なわけで、いかに重要な存在かお分かりいただけるかと思います。

## ②伊藤大輔（一八九八年〜一九八一年）

一九二〇年代から最初は脚本家として活躍します。

旧劇を「時代劇」として前進させたのが伊藤大輔でした。大人向けのドラマを持ち込んで、「作品」として時代劇を見せていくという方法論を本格化しています。それまではあまり工夫が見られなかったカメラワークも新たに導入しており、特にレールを使っての移動撮影による躍動感あふれる映像が特徴的で、監督の名前から捩《もじ》って「移動大好き」と呼ばれたりしていました。

代表作は『**忠次旅日記**』（一九二七年）、『**新版大岡政談**』（一九二八年）。こうした作品に基本的に共通するのは、挫折《ざせつ》したり裏切られたりして敗れていく主人公です。その姿を通して、寂寥感《せきりょうかん》や、権力や理不尽な支配に対する怒りをぶつけていき、最終的には敗北する様が描かれます。

戦後になってからも活躍を続け、脚本を書いたり、映画を撮ったりしています。特に六一年の中村錦之助主演『**反逆児**』（一九六一年）は、織田信長に対して敗れていく若者・徳川信《のぶ》康《やす》（家康の嫡男）の悲劇を描き、変わらぬ作家性を見せています。

③稲垣浩（一九〇五年〜一九八〇年）

伊藤大輔たちが悲壮感あるドラマや殺陣《たて》を持ち込んで「時代劇」の幕を開いたのに対し、稲垣浩《いながきひろし》監督の作品は「明朗時代劇」と呼ばれ、明るく人情味豊かな作風を得意としました。次に出てくる山中貞雄らと「鳴滝組」というグループを作り、「梶原金《かじわらきん》八《ぱち》」という共同ペンネームで楽しく開放的な流れを新たに持ち込みました。

「宮本武蔵〈東宝DVD名作セレクション〉」／DVD発売中／発売・販売元：東宝

元は東京で俳優をしていましたが、関東大震災を機に京都へ拠点を移し、片岡千恵蔵のプロダクションで監督としてデビューします。戦前は『**一本刀土俵入**』『**瞼**《まぶた》**の母**』（いずれも一九三一年）といった長谷川伸《はせがわしん》（後の章で解説します）原作の渡世人ものや、現代劇『**無法松の一生**』（一九四三年）など、泣かせる人情劇で人気を博します。

戦後になると三船敏郎と組んで『**宮本武蔵**』（一九五四年）、『**日本誕生**』（一九五九年）、『**風林火山**』（一九六九年）などを撮っています。これらの作品では、黒澤明（少し後で解説します）と組んだ時の雄々しいヒロイックさとはまた異なる、温かい情や心の弱さも内包した、一人の等身大の人間としての魅力あふれる三船像を引き出しています。

## ④山中貞雄（一九〇九年～一九三八年）

伊藤大輔たちは反体制の精神を真面目にストレートに時代劇にぶつけてきたわけですが、この人は喜劇的な作劇で茶化すように体制や権威に向かっていきました。特に有名なのは『**丹下左膳餘話　百萬両の壺**』（一九三五年）です。伊藤大輔が作った丹下左膳という悲劇のキャラクターを、コミカルな人間にして、人情劇の中に持ち込んでいます。

それから、『**河内山宗俊**』（一九三六年）は、権力者たちを脅して賄賂《わいろ》を取る男が主人公。御数寄屋《おすきや》坊主という、江戸城で大名たちがサロン的に使っていた茶室でお茶をたてる係をしているのですが、そのためにいろいろな裏情報が入ってくる。それを利用して大名たちを脅して回るという。これをコミカルなタッチで描いていて、時代劇を風刺として描く文脈を確立しています。

残念ながら、この人は兵隊で中国へ行って、そこで病死してしまいます。戦争で失われた才能などを語るときにも出てくる名前であります。

## ⑤マキノ雅弘（一九〇八年～一九九三年）

「次郎長三国志　第一集（３枚組）」DVD 発売中／発売・販売元：東宝

牧野省三の息子です。

この人は、テンポのよいエンターテイメントを撮ってきた人です。粋《いき》、情、笑い、泣きという、日本のドメスティックなドラマツルギーを得意としました。それから、殺陣《たて》の演出も軽やかでスピーディ。お祭りのような威勢の良さ、賑《にぎ》やかさで時代劇を演出していきました。

たとえば戦時中に作られた『鴛鴦《おしどり》歌合戦』（一九三九年）はオペレッタ（歌劇）で全編を通して描かれた作品。旗本と浪人の恋のさや当て合戦を、登場人物たちが楽しく軽やかに歌いながら展開していきました。

また戦後の時代劇解禁後すぐには『**次郎長三国志**』（一九五二年〜）九部作を一人で撮りあげています。清水次郎長がヤクザの世界で売り出してから、森の石松が敵のだまし討ちに遭って果てるまでを描き切る。この中で、泣きや笑い、粋、アクションの迫力と、エンターテイメントに必要なすべての要素を過不足なく入れていて、立川談志《たてかわだんし》や尾田栄一郎など数多くのエンターテイナーたちに影響を与えています。

## ⑥松田定次《さだつぐ》（一九〇六年〜二〇〇三年）

牧野省三監督の息子であり、マキノ雅弘監督の異母兄弟です。

戦前から活躍はしていましたが、大きく名前が出てくるのは戦後になってから。一九五〇年代に東映が時代劇で隆盛になっていく中で、この人が真ん中に立って旗を振っていきました。

東映といえば『**遠山の金さん**』、『**旗本退屈男**』などのヒーロー時代劇を中心に作ってきたわけですが、この手の作品は、よく考えると無理な設定を前提にやっているんですよね。たとえば『遠山の金さん』であれば、「ただほっかむりしただけの変装で、なぜ顔がバレないのだ」「悪党は最後に刺青《いれずみ》を見せられても、シラをきればいいじゃないか」とツッコミを入れたくもなるでしょう。それらは、その後の時代劇の定番になっていき、「時代劇とはそういうものだ」となんとなく受け入れられてしまいましたが、その方法論を確立した人です。ヒーローは無敵であり、悪党たちは徹底して間が抜けている。そして物語は徹底的にわかりやすい勧善懲悪。華やかで派手でテンポがいい。そこまでリテラシーの高くない人でもスカッとした気分で観られる、まさに大衆娯楽としての時代劇をひたすら作ってきました。

この人のヒーロー時代劇の作り方は、その後に至るテレビ時代劇全部のもとにもなりましたし、それだけでなく「仮面ライダー」などに続く、日本のヒーローものの描き方の原点にもなりました。

### ⑦内田吐夢（一八九八年〜一九七〇年）

これまで挙げた監督の多くは最初から時代劇をもっぱらに撮っていますが、内田監督はもともと東京で現代劇を撮っていました。基本的に左翼的な、反権力のスタンスを表に出したものを作っていましたが、戦争が始まり、そういうものが作れなくなって、満州へ行く。向こうには満映（満州映画協会）という映画会社があって、当時、日本が満州を植民地支配するうえでのプロパガンダ映画を現地で作っていたわけですが、それを撮りに行くわけです。

戦争が終わり、中国に抑留されて収容所生活を送り、日本に帰ってきたのは戦後十年経ってからです。そこからは、現代劇だけでなく時代劇も撮り始めました。『**血槍富士**』（一九五五年)、『**大菩薩峠**』(一九五七年)、それから中村錦之助と組んだ『**宮本武蔵**』(一九六一年〜)五部作です。

戦争で大変な目に遭った人なので、戦いの空しさを血なまぐさい殺戮《さつりく》の描写とともに描いています。

**⑧黒澤明**(一九一〇年〜一九九八年)

「七人の侍〈Blu-ray〉」／Blu-ray 発売中／発売・販売元：東宝

「世界のクロサワ」と言われるとおりで、時代劇という日本で生まれたエンターテイメント表現を、世界でも人気を博する大エンターテイメントに昇華させた人です。

もともと、日本的な映画の作り方に強い反発を持っていた人で、特に、殺陣が様式的なのが気に入らないということで、よりリアルな戦いに近づけていこうと考えていました。まず『**七人の侍**』(一九五四年)では、敵を迎え撃つ作戦立案や拠点防衛のためのプロセスを丁寧に描き、その上で人馬入り乱れる大アクションを展開する。『**隠し砦の三悪人**』(一九五八年)では、いかにして敵中突破をしていくかのサスペンス的な状況をいくつも考え、その上で馬を使ってチェイスさせつつ、馬上での殺陣をさせています。

そして、『**用心棒**』（一九六一年）、『**椿三十郎**』（一九六二年）でのヒーローの描き方、殺陣のリアルさで、時代劇のあり方そのものすらも変えてしまった。基本的に日本の時代劇は、黒澤明以前・以降に分けられます。

その影響は時代劇にとどまらず、世界的にも波及しています。たとえば『**隠し砦の三悪人**』が『**スター・ウォーズ**』の雛型《ひながた》になり、後のルーカス、スピルバーグ、コッポラといった監督たちの演出手法に大きな影響を与えました。また『**用心棒**』が『**荒野の用心棒**』でリメイク、『**七人の侍**』が『**荒野の七人**』でリメイク、その作劇がいかにワールドワイドな広がりをもっているかがよく分かります。

ですので、黒澤時代劇――特に『**隠し砦の三悪人**』『**用心棒**』『**椿三十郎**』――は洋画的なエンターテイメント性がありますので、時代劇を見慣れていない人でも入口にして楽しむことはできると思います。『**七人の侍**』もエンターテイメントとして最高に楽しいですが、三時間半という長さは一つのハードルになるかもしれません。

**⑨工藤栄一**（一九二九年〜二〇〇〇年）

この人は東映時代劇のあり方を一時的に大きく変えました。

元々は東映京都で美空ひばりの時代劇などを撮っていましたが、そうした作品が当たらなくなり、東映が「**集団時代劇**」という新たな路線を始めた時にその中核的な存在になっていきます。代表作は『**十三人の刺客**』（一九六三年）で、一人の暴君を暗殺するために十三人の侍たちが敵を要塞化《ようさい》した宿場に誘い込み、迎え撃つという話です。無敵のヒーローが華やかに活躍するこれまでの東映時代劇に対して、リアルな人物描写とサスペンスフルな演出で暗殺劇を組み立てています。

このあと七〇年代にはテレビに進出して、大活躍します。特に「**必殺シリーズ**」では多くの作品でメイン監督を務めました。ここでは、光と影の陰影や逆光などを使って独特のザラついた画面を作り上げ、七〇年代に全盛だったアウトロー時代劇にピッタリなハードボイルドな映像で観る者を魅了しています。

石畳が夜露に濡《ぬ》れ、それが月光を浴びて妖《あや》しく輝き、その中を人物のシルエットが過ぎていく――というカットが代表的ですが、そうしたヨーロッパ映画的な美的感覚で時代劇の世界を切り取っています。夕暮れの中にポツンと浮かぶ黒いシルエット、とか。

ともすれば『水戸黄門』的な平板な映像が代表的と思われがちなテレビの時代劇にあって、その映像のクオリティを向上させるのに大きく貢献した監督です。

## ⑩五社英雄（一九二九年～一九九二年）

元はフジテレビのディレクターで、そこから映画監督に転身しています。その第一号的な存在です。

この人は何で有名になったかというと、一九六三年のフジテレビの時代劇『三匹の侍』です。当時、テレビの時代劇は、機材もまだ良くなかったし、テレビ画面も小さかったし、画質もよくなかったということで、基本的には子供向けの作品であった。大人向けでも、そんなに重厚なものは作れなかったのですが、「テレビでもここまでやれる」ということを表現しようとした。

『三匹の侍 1966年版 DVD-BOX』／発売元：フジテレビ 映像企画部／販売元：ポニーキャニオン／価　格：　¥39,000+税／ⓒ2008 フジテレビ

黒澤に負けない、リアルで荒々しい殺陣をやろうとします。といって、当時のテレビ画面では、映像としてそこまでの迫力は出せないので、使ったのが効果音。いまの時代劇では当たり前の描き方となりましたが、刀と刀の合わさる「カンカン」という音は、五社英雄が開発したものでした。

もう一つ新しかったのは、立ち回りで使われる刀です。もちろん模造刀ですが、それまでは竹光なんですよ。竹の上に銀紙みたいなものを貼って刀に見せる。アップのときは真剣を使うことがありますが、基本的にはそれで安全性も確保されて、何よりも軽いから動きやすい。

しかし、それでは嘘っぽいのではないかと考えて、五社はジュラルミンという真剣と同じ重さの金属を使いました。刃だけを取った真剣を使って立ち回りをやることで、斬るときの迫力が出るし、斬られる側は本気で怯《おび》えてたじろぐし、斬るときの重みも出る。そうやって生々しい迫力を出していきました。

映画では、基本的に血みどろの決闘を好み、「五社血出よ」とか言われたりします。

## 《おまけ》現在、とりあえず追っておきたい時代劇監督

残念なことに、ここまで挙げてきた十名の監督は全て故人です。現役の人はいません。そもそも時代劇の本数が少ないので、「時代劇監督」という存在も稀有《けう》になっておりますから、それも致し方ないことなのかもしれません。それでも、コンスタントに撮り続け、しかもそれなりのクオリティで仕上げてきている監督たちもいます。その中から、特にこの二人の名前を見かけたら「おっ」と思っていい監督を二名ほど挙げておきます。

①山下智彦（一九六四年〜）

父親は同じく時代劇の名匠だった山下耕作《やましたこうさく》監督（『関の彌太ッペ』『博奕《ばくち》打ち　総長賭博《とばく》』など）で、五社英雄監督の助監督出身です。

今の京都のエース格の監督となっています。近年の民放テレビでの大きな時代劇は全てこの人が担っているといってよく、『**鬼平犯科帳　THE FINAL**』や、北大路欣也主演で復活した『**剣客商売**』（二〇一二年〜）、それから田村正和の時代劇引退作品となった『**眠狂四郎 The Final**』、さらにCSの時代劇専門チャンネルのオリジナルでの**藤沢周平《ふじさわしゅうへい》原作時代劇**などを一手に引き受けています。

情感的な映像美、緊迫感ある殺陣、重厚なドラマ、そういった部分を過不足なくバランスよく撮れる監督なので、「これぞ京都」という時代劇を近年の作品で触れてみたい方は、山下智彦《ともひこ》作品なら間違いはないと思います。

## ②中村義洋《なかむらよしひろ》

この人は主に映画を主戦場に活躍している監督です。
基本的には肩の力が抜けた、コミカルなタッチの演出を得意としていて、忍者映画『**忍びの国**』（二〇一六年）や、忠臣蔵の討ち入りを経理の目線から描いた『**決算！忠臣蔵**』（二〇一九年）など、これまでシリアスに捉《とら》えられてきたテーマをパロディ的に茶化す切り口で時代劇に臨んでいます。

ですので、なんとなく時代劇に重苦しさ、まったるさを感じてしまう人（食わず嫌いでなんとなくそう思っている人も含め）はこの監督の映画から入ってみるのもアリだと思います。キャスティングも、ジャニーズや吉本芸人や石原さとみなど、現代の観客に馴染《なじ》みの深い人たちが中心に配役されています。

# 第五章　これだけは覚えておきたい！　原作者10

時代劇はオリジナル作品も少なくないですが、何らかの小説や漫画を原作にした作品がやはり多いです。そこで、この辺りの名前をとりあえず知っておけば、初心者が時代劇を楽しむ参考になると思う原作者を十名挙げておきます。

あえて「作家」「小説家」とか言わずに「原作者」という言い方をさせてもらったのは、あくまでメインは映像作品であって、そこに作品を提供した人――という位置づけで語りたいからです。いわばスタッフの一人といいますか。

ですので、ここに挙げた十名は時代劇を映像化していく上で多大な貢献をした――という基準で選んでいます。数々の名作怪談を残した鶴屋《つるや》南北《なんぼく》、『徳川家康』の山岡荘八《やまおかそうはち》、『銭形平次捕物控』の野村胡堂、『木枯し紋次郎』の笹沢佐保、近年では最も人気のある佐伯泰英《さえきやすひで》。まだまだ挙げられないことはないのですが、時代劇として映像化された作品のタイトル数などを考慮して、ここではあえて外しました。

## ①吉川英治（一八九二年～一九六二年）

「国民的作家」としてインテリ層から一般大衆まで広く愛され、戦前戦後を通して物凄《ものすご》い数の作品が映像化されています。

初期はアクション色が強い作品が多かった。たとえば**『神州天馬《しんしゅうてんま》俠《きょう》』**という小説。武田勝頼《かつより》の遺児が、武田家再興のために戦っていく話です。前に述べました「貴種流離譚《たん》」という、高い身分である人間が身分を落として全国を旅していくパターンですね。

それから**『鳴門《なると》秘帖《ひちょう》』**。これは江戸時代の阿波《あわ》に隠密《おんみつ》が潜入していくスパイ・サスペンスです。恋愛要素あり、アクションあり、冒険ありという娯楽満載の作品です。

そして代表作は**『宮本武蔵』**。現在に至るまで剣豪として有名な宮本武蔵像は、基本的に吉川英治が作ったキャラクターが基盤になっているといえます。一人の暴れん坊の青年が剣士として成長していく。その間にお通《つう》という女性との恋愛あり、さまざまな剣豪たちとの決闘あり。最終的には巌流島での佐々木小次郎との一騎打ちまで、さまざまなアイデアが盛り込まれています。

『宮本武蔵』巻一、吉川英治、新潮文庫

他では大河歴史小説――長い大長編を通して歴史上の人物の生涯について創作を盛り込みながら描く作品が後年は多かった。**『上杉謙信』『新書太閤記』『私本太平記』『新・平家物**

語』と、さまざまな時代を描いています。

そして、上杉謙信にしろ秀吉にしろ『太平記』の足利尊氏にしろ平清盛にしろ、庶民たちが思い描いている歴史上の人物のイメージというのは、こうした作品を通して吉川英治が作った人物像が大きく影響されています。

それから、中国の『三国志演義』を元に『三国志』を書いていて、現在に至るまで日本で「三国志」が大人気になる礎になってもいます。

②長谷川伸（一八八四年～一九六三年）

股旅《またたび》もの――つまり渡世人＝ヤクザの話を中心に書いていた人です。

でも、ヤクザを決して「俠客＝人々から慕われる正義のヒーロー」として扱うことはなく、「世間に顔向けできない日陰者」として描きました。そしてアウトローだからこその孤独や郷愁といった寂しさや哀しさをドラマの基盤にしています。

作品としては『関の彌太ッペ』『一本刀土俵入』『沓掛時次郎』『瞼《まぶた》の母』が代表作になります。いずれも共通するのは「義理と人情」の物語。

ヤクザの世界には一般の社会よりもさらに厳しい掟《おきて》や人間関係が不文律としてあります。これが義理。それを守らないとその社会では生きてはいけない。一方で個人としての人情がある。これが時として対立するわけですが、長谷川伸《はせがわしん》の作品ではその狭間《はざま》で葛藤《かっとう》するアウトローたちの姿が描かれます。

それで結局は人情を選んで孤独な闘いに挑むわけですが、そこはヤクザ者なので誰からも称賛されることなく、一人孤独に去っていく。その哀愁が泣けるわけです。

たとえば『沓掛時次郎』は、渡世の義理で殺してしまった相手の奥さんと子供を養っていくヤクザの話です。面倒を見ていくなかで奥さんと恋愛感情が芽生えていく。だが、それは決して許されない関係。その一方で、ヤクザとしてのしがらみが再び襲い掛かってくる——と、何重にも葛藤が仕掛けられた物語になっています。

その後のヤクザ映画も含め、アウトロー作品のドラマツルギーは長谷川伸が作ったと言っても過言ではないです。

それから、もう一つ大きな足跡としては優秀な弟子を輩出したことです。『徳川家康』を書いた山岡荘八、後で出てきますが池波正太郎、それから黒澤明の『赤ひげ』などを書いた名脚本家の井手雅人《いでまさと》。その点でも重要な作家といえます。

### ③大佛次《おさらぎじ》郎《ろう》（一八九七年～一九七三年）

元々は外務省に勤務していて、ロマン・ロランなどのフランス文学の翻訳をやっていました。

作家としての代表作は『鞍馬天狗』。倉田典膳という浪人が鞍馬天狗に変身し、明治維新を助けるために新選組と戦っていくという話なんですけれども、この作品が重要だったのは、日本のその後のヒーローものの礎になったということです。また、仮面をつけて正体を隠して戦う――という設定はフランスの小説家・デュマの書いた『鉄仮面』が基になっているという説もあります。

倉田典膳は絶対的な正義として描かれています。これは大佛次郎自身が言っているんですけれども「ヒーローというのは法律よりも上を行く存在でなければならない。法律で裁けるよりももっと上の正義がなければヒーローではない」という定義づけをしている。この後に連なる、「ヒーローは正義漢であり、人間としても高潔である」という時代劇ヒーローたちのキャラクター設定はこの人が決定づけたといえます。

それからもう一つ重要な作品は『赤穂浪士』。忠臣蔵を現代的な解釈でとらえ直した作品で、それまでの「義士＝主君への忠義のために戦った士」という四十七士を「浪士」つまり仕える先を失った浪人として描いています。そのため、討ち入りに参加した面々だけでなく、

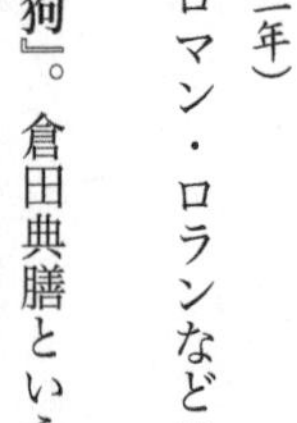

『鞍馬天狗　1　角兵衛獅子：鶴見俊輔セレクション』大佛次郎、小学館

脱落していった人々にもスポットライトを当てました。

また、堀田隼人という架空の人物を登場させ、時代に迎合できないけれども自ら戦うこともできないという「悩めるインテリ」として描きました。それで社会性や文学性を忠臣蔵にもたらします。

以降、「赤穂義士」よりも「赤穂浪士」の方が一般的にメジャーな呼称となったのは、この人の功績によるものです。

**④山本周五郎**（一九〇三年〜一九六七年）

ヒーローではなく市井の人々の営みに視線を注いだ作家です。

そのため、戦いの状況にあっても刀による解決を好まず、頭脳戦による決着を描いています。また、戦いの状況すら出てこないような、長屋などを舞台にした人情話――今でいうホームドラマを得意とした人で、ヒューマニズムを徹底しました。なので、命を大事に描く。

『赤ひげ診療譚』山本周五郎、新潮文庫

**『赤ひげ診療譚』**がまさにそれです。小石川養生所で貧しい人たちのために医療をほどこす医者、通称「赤ひげ」の物語。長崎（当時、唯一交易を行っていた外国との窓口）で医療を学んできた若いエリートが彼と出会い、真の医療の姿に目覚めていく姿が描かれます。**『ちい**

**さこべ**』は、火事で焼け出された孤児たちのために一生懸命はたらく長屋の父親の話でした。あと面白いのが『**ひとごろし**』。これは藩で最強の剣豪が殿のお気に入りの家臣を斬って出奔、その追っ手に名乗りを上げたのが、藩で最も臆病者《おくびょうもの》で腕も立たない若者。彼は頭脳戦、心理戦を仕掛けて相手を精神的に追い込んでいく。

歴史小説では、俗説で悪役とされてきた人物の捉《とら》え直しもしています。たとえば『**栄花物語**』は賄賂《わいろ》を好む汚職権力者とされてきた田沼意次《たぬまおきつぐ》を庶民文化の庇護《ひご》者として描き、『**樅《もみ》ノ木は残った**』は仙台《せんだい》藩で専横政治をしてきたとされる家老の原田甲斐《はらだかい》を、実は幕府から藩を守るべく戦い悪名をあえて被《かぶ》った人物として描いています。

勇ましい感じの話が苦手で、ウィットやユーモアや人情が好みの方は、この山本周五郎作品から入っていくのもいいかと思います。

⑤**山田風太郎**（一九二二年〜二〇〇一年）

後の「忍者」の章で書いておりますので、そちらをご参照ください。

### ⑥柴田錬三郎（一九一七年〜一九七八年）

一九五〇年代に剣豪ブームを巻き起こしたのが柴田錬三郎です。そのキッカケになったのは『**眠狂四郎**』という小説。眠狂四郎という剣豪が主人公の小説です。どのようなキャラクターだったかは、先ほどの「ヒーロー」編で解説しましたので、そちらを。

それから『**御家人斬九郎**』という作品もあります。松平残九郎という御家人が主人公です。江戸時代の「御家人」というのは徳川家の家臣なのですが、旗本の下にいる身分で給金は低い。そのため、副業をしなければならず「かたてわざ」——今でいうアルバイトに精を出すという設定になっています。しかも母親が大食だから必要な額も尋常でない。そして、そのバイト先でトラブルに巻き込まれていくという展開です。

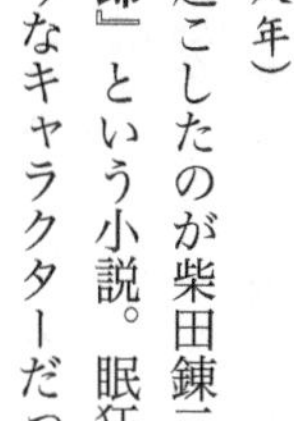

『御家人斬九郎』柴田錬三郎、集英社文庫

眠狂四郎も残九郎もそうですが、柴田錬三郎の描く主人公は馴染《なじ》みの芸者がいたりという粋《いき》なキャラクター設定がされていて、剣豪といっても剛直なだけではない柔らかさを描いているのが魅力でもあります。

## ⑦司馬遼太郎（一九二三年〜一九九六年）

歴史小説で有名な作家ですが、キャリア序盤は**忍者小説**で人気を博しました。その時期の功績は後の「忍者」の章に譲ります。

六〇年代の前半から歴史小説に転身していきます。そして『**竜馬がゆく**』『**燃えよ剣**』『**国盗り物語**』『**関ケ原**』とヒットを飛ばし、大河ドラマなどに次々と映像化されていきました。

司馬遼太郎はストーリーテリングや人物のキャラクター設定も抜群なのですが、その合間に作家本人の言葉として歴史蘊蓄《うんちく》が入る。これがまた面白い。ただ、その結果として大きな功罪も生まれてしまいます。あまりに説得力があるため、創作された小説であるにもかかわらず、そこに描かれたことが史実ではないかと錯覚してしまうのです。

その前の吉川英治がそうであったように、司馬遼太郎が歴史上の人物を描くとそのキャラクターが「実際にそういう人物であった」かのようにイメージが定着してしまいました。坂本龍馬であれば束縛を嫌う自由な改革者であり、土方歳三であれば新選組を守るためにあえて冷徹であろうとする硬骨漢であり——と。

しかも一九七〇年代に入ると、『**街道をゆく**』という、歴史蘊蓄だけで構成された紀行文まで出し始めるので、小説家というより歴史家の扱いになってしまいました。小説家なのに

『燃えよ剣』上、司馬遼太郎、新潮文庫

「司馬史観」とか言われてしまうわけです。

多くの人に歴史の楽しみ方というものを教えてくれる入口を作ってくれたことは確かなんですけれども、その一方で、歴史小説を書く際に作家が奇想天外な創作を入れにくい状況になり、ある種の窮屈さを生んでしまったという部分はあります。

エンターテイメントとして面白いので、史実かどうか——という視点に囚《とら》われずに触れてもらうといいかと思います。

### ⑧池波正太郎（一九二三年～一九九〇年）

一九六〇年代半ばから終わりに存在が注目されるようになりました。元々は新国劇という、時代劇を中心としてやっている劇団の座付き作家、脚本家でした。そこから作家として一本立ちをしていきます。

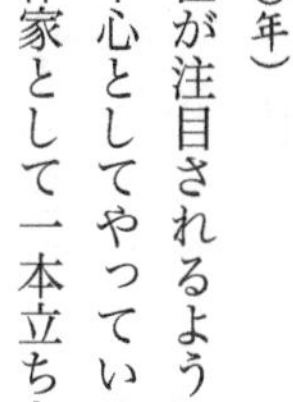

『決定版　鬼平犯科帳』1、池波正太郎、文春文庫

彼を有名にしたのが一九六七年に連載がはじまった『**鬼平犯科帳**』。これまでの時代小説家と違って、かなり欧米的なセンスを持っていた。特に洋画のギャングものやハードボイルドが好きだったので、洋画の設定の影響をうけたハードボイルドな内容の作品を作っていったわけです。タイトルを従来の「捕物帳」ではなく「犯科帳」としているところにも、現代

的なセンスを感じることができます。

特に有名なのが、「三大シリーズ」といわれる『鬼平犯科帳』『仕掛人 藤枝梅安』『剣客商売』。さらに盗賊の視点で「いかに盗んでいくか」をスリリングに描いた『雲霧仁左衛門』や、忍者を使った諜報戦《ちょうほうせん》を歴史小説に盛り込んだ『真田太平記』があります。

大きな特徴は、基本的には勧善懲悪な話なんですが、勧善懲悪のなかにキャラクターとして善と悪のどちらにも属さないグレーの人間を登場させていくことでドラマにふくらみをもたせる点です。

『鬼平犯科帳』であれば、密偵がでてくる。密偵とは、鬼平（火付盗賊改方にいるわけですが）に飼われている密偵＝スパイです。泥棒側に潜入していく立場。彼らが何かというと、かつて泥棒で鬼平につかまり、改心させられていった人たち。裏社会のことは知り尽くしていますからね。事件解決のための情報収集をやっていくというわけです。元泥棒で、今はおかみのために働くというかなりグレーゾーンにいる立場の人間なわけです。藤枝梅安の場合は、梅安自身がグレーです。「仕掛人」という殺し屋なんですが、表では鍼《はり》医者。

『剣客商売』には、さまざまな剣客が出てきますが、剣に一生をささげたために身を持ち崩していく人たちの末路が描かれていく。それまでは、宮本武蔵はもちろん、山本周五郎ですら剣の上達＝人間の成長として描いてきましたが、剣を魔性として描いています。

それから司馬遼太郎と似ている部分があって、司馬遼太郎が歴史蘊蓄としたら、池波正太郎は市井の蘊蓄が抜群でした。当時の生活風俗や景色、風物詩の描写。特にグルメ描写が見事で、「池波正太郎レシピ」を売りにしている料理屋が今はあったりします。

たしかに、池波正太郎の文章を読んでいるとお腹がすいてきます。

## ⑨小池一夫（一九三六年〜二〇一九年）

小説家ではなく劇画の原作者です。

『ゴルゴ13』のさいとう・たかをプロダクションの出身で、西部劇というか黒澤明タッチの劇画『無用ノ介』という賞金稼ぎの時代劇のストーリーを書いたりしています。それから独立して活躍します。代表作は**『子連れ狼』**ですね。

この人の大きな特徴は、山田《やまだ》風太郎《ふうたろう》に近いといえば近いのですが、ハッタリをかまして奇想天外なことを描いても、それだけではなくて。山田風太郎と司馬遼太郎を混ぜたところがある。奇想天外な発想なのですが、嘘かほんとかわからない蘊蓄を入れてくるんです。奇想天外なことに何らかの整合性を盛り込んでいて、それが奇妙な説得力を生んでいます。

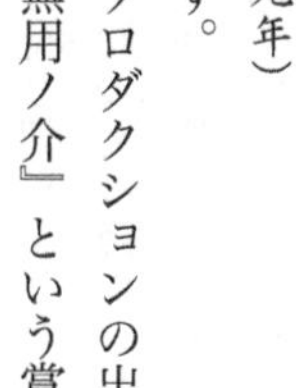

『子連れ狼　愛蔵版』、小池一夫原作、小島剛夕作画、小池書院

たとえば『子連れ狼』。これが子連れで旅をするため、子供を乳母車に乗せているわけで

すけれど、その乳母車の前にはマシンガンが仕込んである。それでバタバタと敵を倒していくという無茶な設定なのですが、これにも整合性を持たせている。一話かけて、堺《さかい》の鉄砲鍛《か》冶《じ》に頼んでマシンガンを作らせ、それを乳母車に仕込むというエピソードを創作しているわけです。

それから濡《ぬ》れ場、エロスの描写がものすごく濃厚です。無茶なことを女性にさせていて、今だったら絶対に描けないようなシーンがたくさんあります。

たとえば「御用牙《ごようきば》」の主人公は「かみそり半蔵」という同心なのですが、この男はなぜか熱湯をかけたり棒でたたいたり俵に突き刺したりして男根を鍛えている。それが実は必殺技で、女性を尋問する際にその男根を使って快楽に酔わせて口をわらせるという。

そんなことをしておきながら、人情の物語が基盤にあります。親子の愛、男女の愛を丁寧に描いていく。あるいは理不尽な運命にさいなまれた人間がどう戦っていくか。凄《すさ》まじい力業の織り成す説得力は、唯一無二といえます。

## ⑩藤沢周平（一九二七年〜一九九七年）

表に出てくるのは一九七〇年代の終わりくらいと、ここに挙げた作家の中では後発ですが、現在では池波正太郎・司馬遼太郎と並ぶ映像化原作の三大ブランドのような位置づけになっています。

代表作は**『たそがれ清兵衛』『用心棒日月抄』『蟬しぐれ』**といった作品です。特徴は、組織——藤沢作品では海坂《うなさか》藩という東北の日本海側にある架空の藩が舞台になります——に属する人間の悲哀が描かれていることです。

前に挙げましたヒーロー分布図を見ていただくと分かるのですが、時代劇のヒーローというのは大半が組織に属さないアウトローか、組織を統べる権力者かであることが多いです。ところが、藤沢作品はそうではなくて、藩に属する一介の藩士であることが多い。そのため、組織の論理に振り回されてなかなか思うように動けない。そうした中でいかに自分の生き方を貫くかという話が多いので、現代人が共感しやすくなっています。

幹部たちが二つの派に分かれて抗争していて、その抗争に下の者たちが巻き込まれる。そして、その中での活躍や友情や恋愛の顚末《てんまつ》が描かれていきます。

それだけだと現代のサラリーマンドラマそのものっぽくなってしまいますが、藤沢作品ではそれだけではありません。たいていの場合、主人公は現代でいう「しがないサラリーマ

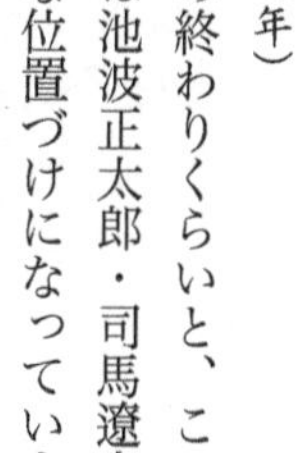

『たそがれ清兵衛』藤沢周平、新潮文庫

ン」の立場でありながら剣の腕が立ち、必殺技を持っている。それが藤沢作品を時代劇＝ファンタジーたらしめている部分でもあります。

駆け足ぎみではありますけれども、とりあえずこれから時代劇を観る人、観始めたい人は、この十人の名前さえ知っていれば、とりあえずは大丈夫かなと。十人が原作を書いた時代劇を観ていくと、主だった時代劇作品は網羅できたりもするので、このへんを入口にしてもらうといいんじゃないかなと思いまして、絞りこんでみました。

# 第四部

# もう少しだけ掘り下げておきたい重要テーマ

# 第一章　「忠臣蔵」超入門

ここからは、時代劇について考える上で重要なテーマについて、少し掘り下げていきたく思います。まずは「忠臣蔵」について。

年末といえば、一昔前までは「忠臣蔵」でした。いまはクリスマスがメインですが、かつてはホワイトクリスマスよりもホワイト討ち入り。雪の中を赤穂四十七士が吉良邸へ進軍する画《え》こそが日本の年末の風物詩だったのですが、だんだん忘れられてしまいました。

近年では年末が近づくと思い出したように「なぜ忠臣蔵が廃れてしまったのか」について、ネット上でいろいろな方が語っていたりします。現在はその方がむしろ風物詩になってきましたね。「最近の若者は忠臣蔵を知らない」という嘆きとともに。

ただまあ、嘆いていても仕方ない。それよりも、「忠臣蔵ってこんなに面白いんですよ」と伝えることで、若い人にも親しんでほしい。

そこで、ここでは「忠臣蔵」を楽しむために必要な「基礎知識」と「楽しみ方」についてレクチャーしていきたく思います。これを読むと、忠臣蔵をご存じなかった方も、食わず嫌いしている方も「おっ、面白そうだな」と食指が動くのではないかと考えています。

改めて一つお断りしておきたいのは、あくまでここで話すのは長年にわたって語りつがれてきた「物語」としての「忠臣蔵」の話です。史実と混同することも、「史実と違う」とツッコミを入れることも、くれぐれもなさらぬよう。

## そもそも「忠臣蔵」ってなに？

まず、忠臣蔵を全く知らない人に向けて、昔から語り継がれてきた物語の最もベーシックな部分を語っていきたいと思います。

史実では次々と新しい解釈が生まれているので、この事件についてはすでにいろいろな語られ方がされていますが、そうではなくて、「忠臣蔵」は「物語」としてこのように愛されてきましたよ――という一番ベーシックなところの話です。

そもそも「忠臣蔵」とは何かということですが、実際にあった歴史上の事件です。

元禄十四年（一七〇一年）に、江戸城の「松の廊下」で、浅野内匠頭という赤穂藩――今の兵庫県――の藩主つまり殿様が吉良上野介という旗本を斬り付ける事件が起きた。そして、翌元禄十五年、一七〇二年の十二月十四日に、その家臣たち四十七人が大石内蔵助という赤穂藩の家老に率いられ、吉良邸へ討ち入って吉良上野介を殺したという事件です。

これを物語としてアレンジしたのが「忠臣蔵」でした。

偉い侍に殿様がいやがらせをされ、怒った殿様が江戸城でその侍に斬りかかる。で、殿様は罰として切腹をさせられ、藩が潰《つぶ》れてしまう。

浪人となった家臣たちは、嫌がらせをした偉い侍に仇討《あだうち》＝復讐《ふくしゅう》をする。そういうリベンジの話です。実際にはだいたい二年間くらいの間に起きた話です。

では、具体的にどのような物語なのか、解説していきますね。

## 「忠臣蔵」の見せ場

忠臣蔵の大きな特徴はその構成です。物語全体としての大きな起承転結はありますが、それぞれの場面ごとにも起承転結があって、一つ一つが芝居としてドラマチックに盛り上がる見せ場になっています。そしてその見せ場が連なっていった最後にクライマックスの「討ち入り」が待っている、という流れです。

ですから「忠臣蔵」を理解する、あるいはその魅力を知る上では、まずとりあえずはその中でも有名な見せ場をいくつか知っておけば大丈夫です。

基本的に知っておくべき見せ場は六つです。どの忠臣蔵でも描かれていて、ほぼ同じ描かれ方をするので、これさえわかっておくと入りやすい。そこで、まずはその六つを中心に説明していきます。

《見せ場その1＝江戸城・松の廊下》

その前に、大前提として、教科書的な知識を説明しておきます。江戸時代には参勤交代という制度があって、大名は地元の城と江戸を交代で行ったり来たりしていました。これが実は重要です。

この事件は殿様が江戸にいるときに起きて、家臣たちの多くは赤穂藩（兵庫県）にいるわけです。そして殿不在の間、地元の赤穂をまとめる役職が「城代家老」。これが主人公の大石内蔵助です。それから、江戸は江戸で、また別に家臣たちがいます。

それから、もう一つキーになる言葉として「勅使饗応役《きょうおうやく》」というのがあります。

当時、天皇は京都に住んでいました。その天皇が江戸の将軍に送る使者を「勅使」といいますが、天皇の代理だから偉い人です。そうなると、幕府としてはそれをもてなす係が必要になります。その役割は毎回いろいろな大名に割り振られました。それが「勅使饗応役」。

その役割に赤穂藩の藩主・浅野内匠頭が任じられるところから話がはじまります。その饗応の仕方を教える指南役を「高家《こうけ》」といい、大名よりも高い身分にあります。それが吉良上野介。吉良はお爺《じい》さんで、浅野内匠頭は若い。

物語の中では、吉良上野介はとにかく賄賂《わいろ》が好きで、賄賂を貰わないと教えないという「いやな人」として描かれます。一方の浅野内匠頭は清廉潔白という設定で、とにかく賄賂を渡したくない。そのために、吉良上野介に嫌われて、徹底して嫌がらせをされる。我慢に我慢を重ね、江戸の家臣たちも協力して、浅野はそれを突破していきます。

そして、いよいよ勅使饗応の前日、浅野内匠頭は吉良上野介にどういう服装で江戸城に行けばよいかと聞いたときに、吉良が嘘を教えるわけです。

それで江戸城に行ってみたら、ほかの大名たちはみんな正装しているのに、浅野内匠頭は平服。今でいうドレスコードのミスです。で、浅野は「しまった、吉良に騙された」と気づく。しかし、よくできた家臣がいて、ちゃんと正装を持ってきていて、裏で着替えるわけです。そして「とにかく、殿、我慢してください」と付け加える。

なぜかというと、江戸城内で刀を抜いて刃傷沙汰《ざた》を起こすことは犯罪なのです。切腹を命じられ、藩が潰されて、藩士たちは路頭に迷うことになる。だから何があろうとも絶対に耐えなければならない。

しかし――。松の廊下という大名たちの行き交う大きな廊下で浅野は吉良を見つけます。それで「酷《ひど》いじゃないですか」と抗議すると、吉良は徹底的に煽《あお》って挑発する。浅野も我慢に我慢を重ねるのですが、耐えきれずに遂に刀を抜いて斬り付けてしまう。

額に一太刀、逃げる背中に一太刀浴びせますが、騒ぎを聞きつけた人たちが「浅野どの、殿中でござる！」と押さえる。浅野内匠頭が「武士の情。せめてもう一太刀！」と言うわけですが、そのまま捕まってしまい、なんと、即日切腹となるわけです。

幕府は裏で何が起きたかを全く調べず、吉良はおとがめなしで、浅野内匠頭だけが即日切腹で、藩は取り潰しという決定をする。

これが、最初の見せ場である「松の廊下」です。

「吉良上野介、ムカつくけど、いじめられた浅野内匠頭だけが切腹させられてしまった。うわ〜、理不尽」そこから忠臣蔵の物語は始まります。

《見せ場その2＝赤穂城・大評定》

ここまでずっと江戸が舞台でしたが、ようやく舞台は赤穂になります。

東京と兵庫でかなり距離があるし、当時は駕籠《かご》や馬での移動だから、なかなか情報が伝わらない。どうも江戸で何かが起きているらしいという情報は入ってくるけれども、なかなか全貌《ぜんぼう》はつかめない。赤穂の城代家老が大石内蔵助で、殿の代わりに赤穂城を治めていて、そこに次々と情報が入ってきます。そして殿が切腹して亡くなり、藩は取り潰しになると分かる。「さあ、大石はどうする」ということになるわけです。

ここから先はすべて大石内蔵助の見せ場になります。

ここで大きな問題になってくるのは、吉良方、あるいは幕府側からすると、ひょっとしたら大石が浅野内匠頭の仇討に立ち上がるのではないかと疑っていることです。そのため、赤穂にスパイを放つ。

大石としては仇討の気持ちはあるけれども、これが少しでもバレたら犯罪として捕まります。絶対にバレてはいけないということで、ここから先すべての見せ場は、大石内蔵助が本心を隠す中で展開されていきます。

そこで始まるのが、大石の最初の見せ場となる「大評定《だいひょうじょう》」です。

赤穂藩が潰れることになり、赤穂城にすべての藩士を集めて、「これから我々はどうするか」を決定することになる。それを仕切るのが大石です。大石にはいくつかの選択肢があります。たとえば、籠城《ろうじょう》して一戦交える。あるいは、殿の仇討にみんなで江戸へ行く。あるいは、全員ここで死ぬ。あるいは、すべてやめて再就職する。

そこで大石は、「ここで全員殉死する」という決定を下します。殿の後を追ってみんなで死のうじゃないかと。ほとんどの侍は、「やってられない、死にたくない」ということで抜けていきます。そして、僅《わず》か五十人ぐらいの侍が残ったところで、初めて大石が本心を明かして「殿の仇を討つ」と言い、血判状を書かせるわけです。

死ぬ覚悟がある藩士だけ残した。あとは、覚悟がない藩士は、生き残らせたいというのもあるわけです。どっちみち仇討が成功しても、当時の江戸においてはテロ行為、犯罪なので、罰せられる。最終的には死ぬわけです。だから、どの道、最後には仇を討って殉死することになる。そうやって、残った約五十人に大石が血判状を書かせるのが最初の見せ場です。

《見せ場その3＝祇園&山科の別れ》

いよいよ討ち入りに向けた計画が始まりますが、大石がやる気満々な素振りを少しでも見せてしまうと、捕まってしまう。あるいは、殺されるわけです。大石には絶えずスパイが張り付いている。それを油断させるため、大石は家族みんなで京都の山科《やましな》で暮らして、祇園《ぎおん》で遊び暮らします。毎日毎日、踊って騒いで、飲んでというのをやっていくわけです。

それで、他家の侍たちからは、「殿があんな目に遭ったのに遊び暮らして、おまえは大石じゃない、軽石だ」と足蹴《あしげ》にされて、頭を下げて情けない思いをする。

しかも大石は仲間にも本心を明かしていません。特に江戸にいる藩士たちは殿の悲劇を目の当たりにしてきたので、血気盛んです。彼らは江戸から京都にやって来ては、大石をせかすのですが大石は動かず遊んでばかり。彼らは呆《あき》れ、イラ立ちをつのらせていきます。「まだやらないんですか。話が違う、どうなっているんですか」と言われても、大石は飲み暮らしているので、みんなイライラしてくる。

スパイたちを徹底的に油断させないといけないので、大石は心を隠し抜いて、バカにされながら遊び暮らすわけです。最終的には奥さんとも離縁します。

これも理由があって、犯罪行為をやるので、奥さんと奥さんの実家に累が及ぶことがないようにするために離縁をさせて、出ていかせるわけです。

ここが「山科の別れ」という場面です。

《見せ場その4＝東下り》

そして遂に討ち入りをやるぞということで、大石が江戸に向かいます。「大石東下り《あずまくだ》」という場面です。

東海道を江戸に向かうわけですが、「大石内蔵助が江戸に来ました」とバレると相手を警戒させてしまう。そのために身分を隠す。どうしたかというと、公家《くげ》の九条《くじよう》家の御用人の名前を騙《かた》る。

作品によって、その名前は立花左近《たちばなさこん》であったり、垣見五郎兵衛《かきみごろべえ》であったりします。そういう公家のナンバーツーを名乗って東海道を江戸に向かって、ある宿場に泊まります。これも作品によりますが、例えば、三島だとします。箱根《はこね》の関を越えるまでの、最後の宿。ここを越えたら関東に入れる。

ところが、宿に泊まっていると、本物の立花左近が現われるわけです。立花左近が現われて「私が本物だ」と言って、大石に会います。

二人が対面して、互いに自分が本物だと言い合うわけですが、「本物であれば、九条家の身分書があるはずだ。出せ」と本物に言われてしまう。すると大石は懐から一枚の書状を出して、本物の立花左近がそれを開く。ところがその書状は白紙なわけです。本物がパッと脇を見ると、書状の入れ物に浅野家の家紋が入っている。それを見て、立花左近が気づくわけです。「こいつは大石内蔵助だ。いま、自分の名前を騙って江戸へ向かっているということは、いよいよやるのだな」と。

そして、左近は白紙の書状を畳んで、「わかりました。私が偽者です」と言って、「私の身分証は偽物ですから、焼き捨ててください」と言って渡します。その身分証を持つことで、大石は堂々と江戸に入れるわけです。

かといって本物が先に京都へ戻ってしまうとニセ者だとバレるので、「これから中山道《なかせんどう》をゆっくり戻ります。あなたが江戸に入るまで、京都には戻らないようにします」と言って去っていくと、大石は「ありがとうございました」と頭を下げる。

## 《見せ場その5＝南部坂、雪の別れ》

そして、いよいよ大石は江戸に入り、討ち入りの準備が始まります。そしてその直前に「南部《なんぶ》坂《ざか》雪の別れ」という泣かせる場面があります。

南部坂に浅野内匠頭の正室、瑤泉院《ようぜいいん》が住んでいます。大石はここに最後の挨拶《あいさつ》に行くわけです。瑤泉院が「いよいよ討ち入りをするんですね」と言うと、「討ち入りなんかしません。いよいよ再就職することになったので、別れの挨拶に来ました」と言うわけです。そして、「何ということだ」と罵倒《ばとう》されて、「いやいや、私はその程度の人間です。せめて、これまで使ったお金の目録がありますので、この書状を持っていってください」と渡して、大石は去っていく。その間、ずっと罵倒されます。

実は、そのとき瑤泉院の家には吉良方のスパイが女中として入っていて、大石は気づいていたので、本心は言えずに、雪の中を一人で去っていく。そして、瑤泉院が目録の書状を開くと、それは目録ではなくて、なんと血判状だった。そこで大石の真意に気づくわけですが、追おうとしたら、もう大石はいない。

すべての感情を隠して、遂には瑤泉院からもなじられながら、大石内蔵助は決行に向かいます。

《見せ場その6＝討ち入り》

そして、いよいよ十二月十四日、雪の中の討ち入りです。山鹿《やまが》流陣太鼓を叩《たた》きながら大石ら赤穂四十七士が吉良邸に討ち入る。吉良屋敷のほうが人数は多いので、いろいろな奇襲攻撃をかけます。最終的に炭焼き小屋に吉良上野介が隠れていて、それを引っ張り出してきて「吉良どのですね？」と聞くと「いや、ワシは違う」とシラを切るわけです。

「その額の傷が何よりの証拠で、さらに背中にも傷がある。間違いない」ということで、せめて潔く切腹してくださいと言うと、それもできないということで、大石自ら刺し殺して終わる。そして、大石は亡き殿が眠る泉岳寺《せんがくじ》の墓に吉良の首級を持っていって報告し、幕府に捕まって全員が切腹するという物語です。

基本的にこの六つの見せ場を、どういう解釈で繋《つな》いでいくかというのが、だいたいの忠臣蔵の描かれ方です。

他にも、吉良邸の絵図面を手に入れるために、四十七士の一人が吉良邸をつくった大工の家に入り込んで、そこの娘さんと仲良くなるというラブストーリーがあるといった具合に、四十七士それぞれの物語があって、その見せ場はさらに多岐にわたっていきます。

## 三大キャラクターの描かれ方

この忠臣蔵の物語を感動的にもっていくために、とても重要なことがあります。それは、この物語は一つ間違うととんでもない話だということです。

『七人の侍』『切腹』などの数多くの傑作時代劇を書いてきた脚本家の橋本忍《はしもとしのぶ》は忠臣蔵を書いていません。その理由を本人に聞くと、「四十七人がよってたかってお爺さんを殺す話でしょう。そんなの、やりたくないよ」と。そうなんですよ。ようするに、描き方を一つ間違うと、お爺さんをよってたかって殺す話にしかならない可能性があるわけです。

そして同時に、江戸の街中で討ち入りをやることは暴力的な犯罪行為でもあります。そうなってくると、大石たちはただの暴力的なテロリストでしかなく、物語が悲劇として成り立たなくなってしまう。

そこで、作り手・演じ手は気を付けなければならないことがあります。

大石内蔵助はテロ行為をした罪人です。そして浅野内匠頭は犯罪者だから切腹しているわけです。さらに吉良上野介は表向き、何も悪いことはしていない。それなのに仇討と称して討ち入りをしたというのは理不尽な行為でもあります。吉良が一方的な被害者になる。

物語としては、そう思わせないように描く必要がある。そのためには本心を隠し、耐えに耐えていく大石の姿を描くことで、観る側に対して彼の想いの強さに説得力を与える。ですから、大石を演じる役者には、耐えていく中で言葉の裏側にある感情を見せる演技力が必要になってきます。そして、四十七士を率いるだけの貫禄《かんろく》やカリスマ性も必要。それから、遊んでいるシーンも、本気で遊んでいるように見せないといけないので、緩急の芝居も必要。そのため、役者としての技量もキャリアもスター性もなければ大石役は務まりません。

それから、吉良上野介も「大した理由もなく四十七人に殺された、かわいそうなお爺さん」になるわけです。でも、劇としては「ムカつく！」「イヤなヤツ！」と思わせないといけないので、キャラクター設定としては、悪役としての憎々しさを絶対に入れます。

もう一つ大事なのは、吉良がただの悪役ではなく「高家」であること。儀式の指南をする格式の高い家なので、品格もないといけない。憎々しく、それでいて、品格もなければならないということで、役者としては結構難しい。ただの悪役芝居をやればよいのではなくて、品もないといけない。ですから、これも主役級の人がやらないと成り立たない。大石と吉良はダブル主役みたいなところがあるわけです。

そして、最大の問題が浅野内匠頭です。彼の言動が全ての元凶ともいえる。賄賂を贈っていれば、刀を抜いていなければ――何も起きなかった。この人、世間知らずの迷惑な理想主義者なんですよ。最終的には家臣のことも考えずに刀を抜いた愚か者でもある。

でも、それが前面に出てしまうと、「殿のために命を捨てて仇討をする」という大石たちの行動に説得力がなくなってしまう。

そのため、あくまで悲劇の貴公子でなければならない。ですから、浅野役には憂いのある儚《はかな》げな二枚目スターを持ってくる。演じ方も、吉良の嫌がらせを耐える姿が切なく見える感じにする。それから、個人としての怒りと、それを爆発させることで起きる家臣の悲劇との間の板挟みで、嫌がらせに耐える葛藤《かっとう》もきちんと描く。

こういう芝居の工夫を創作していくことで、忠臣蔵の物語は成り立っているわけです。

## さらに知っておきたい魅力的な脇役たち

それから、四十七士のなかにもいろんなキャラクターがいます。その中の代表的な一名を紹介します。

堀部安兵衛《ほりべやすべえ》。もともと中山《なかやま》安兵衛といって「高田馬場の決闘」で活躍した実在の剣豪です。その活躍が認められて、浪人だったのが赤穂藩士・堀部家の婿養子に入ったことで、赤穂の事件に巻き込まれていきます。彼は殿への忠誠心が強く、とにかく大石に「早く討ち入りやりましょう」とけしかける武闘派として描かれています。

悪役側にも、重要な人物がいます。千坂兵部《ちさかひょうぶ》という上杉家の家老。作品によっては色部又四郎《いろべまたしろう》という場合があります。大石に対する吉良方の指揮官という立場です。

なぜ上杉家かというと、上杉の藩主は吉良上野介の息子で、上杉に養子に入っていたのです。で、その息子が今度は吉良の養子になっている。そのくらい関係が深い。

ただ、上杉家はもともと関ケ原の戦いで家康に歯向かった家なので、一つ間違うと彼らも取り潰されかねないわけです。だからトラブルに家臣が非常に敏感なんですね。本当はこの件に関わりたくない。でも、殿は吉良から来ている人間だから、吉良を助けたい。

つまり、千坂兵部も苦労する立場なわけです。何としても問題を起こさせたくないので、大石の討ち入りを阻止しようとするわけです。かなりの策士であるため、大石にとっても強敵で、物語全体としては大石と千坂兵部の読み合いとしての側面も強い。千坂兵部も大石の想いを理解はしているけれども、やらせたら自分たちが危ないので、板挟みになりながら、何とか大石を妨害しようとしていくわけです。

## 愛された理由①役者の番付

忠臣蔵は実際に起きた事件ですし、しかも基本的な物語のフォーマットはいつも変わらない。つまり、観客は観る前から展開も結末も分かっている。今でいうと究極の「ネタバレ」作品です。それなのに、なぜ長いこと愛されてきたのか。

忠臣蔵は歌舞伎で言う顔見世興行、つまりオールスター作品です。それは映画やテレビでも変わりません。そうなると、「忠臣蔵」のキャスティングはそのとき毎の日本の映画・テレビ界、あるいはそれを作る映画会社における「役者の番付」＝格付けの発表という側面があるわけです。

大石内蔵助を演じる人は、その映画会社、テレビ局が考える最大のスター、看板役者であるということ。また、吉良上野介を演じるのは、いま考えられる最高の悪役であるということ。そして、浅野内匠頭を演じるのは、最高の若手二枚目俳優であるという意思表示なので、演じる側は、「遂に大石役が来た」とか、「遂に俺は浅野をやれるようになった」とか、「俺もいずれは吉良のほうをやってみたい」とか、そういう意識を持っていると同時に、観る側は、「今回は誰が大石をやるのだろう」「どう演じるのだろう」という楽しみが生まれます。

それから、立花左近も、基本的にあれは二大スターをスムーズに共演させるための役で、善悪分かれることなく、立花も大石もどちらも良い役で、どちらも重い役というポジションなので、それも大物俳優がやる。「立花左近は誰がやるんだろう」「あの二大スターが一つの場で向き合うのか！」という楽しみがお客さんにあるわけです。

たとえば、中村錦之助というスターは、若い頃に浅野内匠頭を演じて、ベテランになってから大石内蔵助を演じましたが、そういう成長過程も見られる。そうしたキャスティングも面白さの一つです。そのキャスティングとカップリングを、実は確認作業として見るという楽しみ方ができるのが「忠臣蔵」の面白さの一つだったわけです。

**愛された理由②関係性萌え**

もちろん、物語時代の魅力も大きいです。

想いを秘め、それを表に悟られないよう耐えに耐え、そして事を成就する。そして自らの命は捨てる。しかもそれは自身のためではない。そうした大石の「滅びの美学」、そして「忍耐のドラマ」は日本人に長く愛されてきた精神性であります。

——と書くと何やら堅苦しい感じですよね。もちろん間違いではないのですが。もう少し現代劇に分かりやすく書くと、「関係性萌《も》え」です。「関係性萌え」を大雑把に説明すると「あの二人の関係性、いいわあ」と胸がキュンとなる、ということです。「忠臣蔵」はそれが満ちている。言葉を交わさずとも、想いと想いが通じ合い、人と人とが惚《は》れあい、そして一つの目的に向かっていく。「忠義」とか「武士道」と考えると堅苦しいですが、「人と人とのストイックな触れ合いの物語」と考えると、なんとも魅力的に思えてきませんかね。

そもそも、「忠臣蔵」を愛してきたのは「忠義」も「武士道」も程遠いところに暮らす庶民。彼らは、現実ではなかなか実現が難しいそうした人間関係をある種のファンタジーと捉《とら》え、理想や憧《あこが》れをぶつけてきたのです。

## 愛された理由③風刺性

それから、忠臣蔵は「日本人古来の精神性」と言われますが、それ以上に風刺性が強い作品でもありました。「現代」に対する怒りや不満を大石たちに仮託してきたという側面があるわけです。

そもそも忠臣蔵は江戸時代から歌舞伎などで演じられてきましたが、江戸時代にあって忠臣蔵というのは現代劇です。ところが、大石内蔵助は江戸城下でテロ行為をして切腹させられた罪人です。そうなると、当時の江戸幕府からすれば、自分たちがテロリストとして罰した罪人を英雄扱いする作品など、あってはならないわけです。しかも、言論の自由はない時代なので、取り締まりの対象になる。

そこで、当初は南北朝時代に置き換えて描きました。浅野は塩谷《えんや》判官という御家人、吉良は足利将軍の執事にあたる高師直という実在の人物があてはめられています。そして、大石だけ大星由良之介という架空のキャラクターになりました。これにより、「いやこれは赤穂の話ではなく、南北朝の話ですよ」とお上に対してエクスキューズができた。

以前の章で述べた「現代でそのまま描くといろいろまずい話も、過去に置き換えることで突破できる」という時代劇の特性は、既に江戸時代から発揮されていたわけです。

なぜ、そうまでして忠臣蔵を語る必要があったのか。それは当時の江戸庶民が大石内蔵助の行為に対して喝采《かっさい》したからです。

根本にあるのは、賄賂をくれた人には贔屓《ひいき》するという、政治腐敗ですね。これはいつの時代でも批判の的になり、また庶民の怒りの元になります。しかも、その腐敗した人間が最高権力者に近いということで、なんのおとがめも受けない不公平さ。

武士は普段は「喧嘩《けんか》両成敗」といいながら、裁判を全く行うこともなく片方だけが切腹で、片方は全くおとがめなし。権力者に近い人間であれば大目に見られてしまうのか。これも庶民の怒りを買うところでもあるわけです。

そういう諸々《もろもろ》の不満が、この事件の背景にはあって、庶民たちはそれを聞いて「おかしいではないか」と思う。しかも、そうした声は大っぴらに表に出すことはできない。そうした中で行われたのが大石たちの「討ち入り」でした。

そもそも、平和な時代に侍は必要なのかというのがあるわけです。「おまえら、刀を持って偉そうにしているけれども、実際には何もやっていないじゃないか」という不満があるところに、「武士とはこういうものである」というのを見せつけたことで、庶民たちは「よくぞやった、すごいじゃないか」と。しかも、さまざまな艱難《かんなん》辛苦を乗り越え、僅か四十七人だけが命がけでやった。

庶民感情としては「こんな侍たちがいてくれたらいいな」という願望が、大石内蔵助というキャラクターに仮託されたわけです。だからこそ英雄として扱われるようになっていって、彼の戦いは劇としても人気になっていく。だから時代を置き換えてでも描く必要があり、それをずっと語り継いできたわけです。

腐敗した権力に対する不満をストイックな男たちが晴らしてくれる。これは、いつの時代も変わらぬ庶民の願望でもあります。絶えず社会に渦巻く庶民の怒りが、大石たちには仮託されてきたのです。

### 作り手側の事情

そして何より、忠臣蔵が長いこと作られてきた背景として、作り手側にも大きな事情がありました。

「忠臣蔵」は大きな見せ場が六つあります。それぞれ屋内が舞台になるため、セットを作る必要があります。

「松の廊下」であれば、かなり大きな廊下で襖《ふすま》に松が描かれている。このセットを作るのは非常にお金がかかる。「大評定」の広間は赤穂藩の全員が入る広いスペースになります。それから、祇園で大石が遊ぶ遊郭に「東下り」の三島宿に瑤泉院の屋敷。さらに討ち入りで使う吉良邸のセットも、大がかりなアクションを撮るだけの規模が必要になる。

どの見せ場も、セットにかなりお金がかかるわけです。

しかも、それぞれが、その一回のためにしか使われないわけです。つまり、ワンシーンだけのために大がかりなセットを作らなければならない。それがいくつもある。それだけたくさんお金が必要だし、それを作れるだけのスタッフの技術力も必要になる。

そして、忠臣蔵はオールスターが前提になります。そうなるとキャストを集める資金力も政治力も必要。

つまり、「忠臣蔵」を作るというのはかなりの大プロジェクトになってきます。

それは映画会社からすると、「忠臣蔵」を作るということは、「自分たちは忠臣蔵を作れる力があるんだ」という誇示になる。ですから、映画会社の何周年記念作品だとか、あるいは、すごく会社の調子が良いときにスペシャルもので作られてきました。

たとえば東映は一九五〇年代に時代劇の黄金期を迎えていますが、その最盛期の一九五六年に作ったのが『**赤穂浪士　天の巻　地の巻**』。ここから隔年でオールスター忠臣蔵を作り、その力を見せつけました。

その東映、一度は映画から時代劇を撤退させますが、一九七八年、『**柳生一族の陰謀**』で一時的に復活させます。そして次の作品は『**赤穂城断絶**』と、忠臣蔵を持ってきます。「東映は時代劇を復活させましたよ」というアピールになったわけです。

ＮＨＫの大河ドラマもそうです。六三年のスタート時はまだテレビの制作力は下に見られていました。そうした中で第一作『**花の生涯**』は「無謀な企画」と言われながらも一年やり遂げる。そして第二作でやったのが、大佛次郎の『**赤穂浪士**』でした。ここに映画スターの長谷川一夫を連れてきて大石内蔵助に置く。そして、新劇のトップにいた滝沢修《たきざわおさむ》を吉良上野介に持ってくる。

これはいままで映画界から下に見られてきたテレビ局が、遂に一年かけて「忠臣蔵」を描けるだけの力を持ったというアピールでもあり、「ＮＨＫ大河ドラマ、ここにあり」という威信を誇示する場として成り立ったわけです。

あるいは時代劇スターの三船敏郎は自ら三船プロダクションをつくりましたが、映画でうまくいかなくなり、テレビに移ります。そこで最初に作ったのは、自らが大石内蔵助を演じた『**大忠臣蔵**』でした。これも「三船プロダクション単体の力で、一年間の忠臣蔵を作る力がありますよ」とテレビ界に誇示するものだったわけです。

日本テレビが「年末時代劇スペシャル」と銘打って「紅白歌合戦」の裏に時代劇のスペシャル枠を作った際の第一回も、忠臣蔵でした。里見浩太朗が大石内蔵助で、森繁久彌が吉良上野介。これも、「紅白歌合戦の裏にぶつけるだけの時代劇を、うちは金をかけて作るぞ」

という宣言でもあります。

テレビ東京は「開局二十五周年記念作品」を十二時間ドラマで作りましたが、これも松本《まつもと》幸四郎《こうしろう》が主演で『**大忠臣蔵**』でした。

またフジテレビは八〇年代後半から九〇年代初頭にかけてトレンディドラマやバラエティ番組で隆盛を極めますが、この時に「自分たちは映画会社の力を借りずとも独力で忠臣蔵が作れるということを示したい」と、仲代達矢主演で作りました。

アニバーサリー系で一番大げさなタイトルをつけたのが「日本映画誕生百周年記念」として東宝が作った、市川崑監督、高倉健が大石内蔵助を演じた『**四十七人の刺客**』。

そうやってアニバーサリー的な看板を背負っての大規模なプロジェクトにぶつける大ネタとして、忠臣蔵というのは機能し続けてきたわけです。

逆に言うと、いま作れなくなっている大きな理由もそれなわけです。映画会社もテレビ局も金がないし、キャスティングの力もないんですよ。

実は、「忠臣蔵」が作られなくなった大きな理由は、作る力がないからだということです。よく「忠誠心がわかりにくくなっているんじゃないか」という説もありますが、解釈はいくらでもアレンジできるから、やろうと思えばやれるんですよ。ところが、そもそも製作ができない。

作られなくなったから馴染《なじ》みがなくなった。それだけのことです。

「なぜ若い人は忠臣蔵を知らないのか」「なぜ忠臣蔵は廃れたのか」ネット上にはさまざまな言説が展開されていますが、実はシンプルな理由なのです。

## オススメ「忠臣蔵」を二本

さて、最後に入門編としてオススメの「忠臣蔵」作品を二本ほど紹介します。新解釈ものやスピンオフものにも面白い作品は多々ありますが、まずは「これぞ忠臣蔵！」という魅力がよく分かるものがいいと思います。

一つは、一九五六年に東映が作った『赤穂浪士　天の巻・地の巻』です。戦後に作られた「忠臣蔵」映画の最高傑作という呼び声も高いです。

特に三大キャラクターの配役と彼らの芝居が、まさに「オーソドックスな忠臣蔵」の「正解」を示しています。大石を演じる市川右太衛門の貫禄と、本心を隠した芝居の見事さ。浅野内匠頭を演じる東千代之介《あずまちよのすけ》の悲劇の貴公子ぶり。そして吉良を演じる月形龍之介の憎々しさと、スターだからこその気品。全てが完璧です。

また、東下りの場面では右太衛門と共に東映の二大スターとして君臨していた片岡千恵蔵が立花左近として登場。二人の顔と顔のアップが画面いっぱいに交互に映し出される心理戦は、ほとんど動きのない場面にもかかわらず観ていてゾクゾクさせられます。

それからもう一本は、一九八五年に日本テレビが作った年末時代劇スペシャル『忠臣蔵』です。

これもキャスティングが抜群で、里見浩太朗が大石内蔵助、森繁久彌《もりしげひさや》が吉良、風間杜夫《かざまもりお》が浅野内匠頭。いずれも「やるべき芝居」を完璧にやっています。それから、他にも今の人が見ても多少馴染みがある俳優たちが出ていますし、ほとんど新解釈を入れることなく「泣かせる忠臣蔵」が繰り広げられているので、忠臣蔵の大半の見せ場に感動的かつ分かりやすく接することができます。

どちらもＤＶＤソフト化も動画配信もされていますので、簡単に観ることができるのも大きいです。

# 第二章　忍者の変遷

ここでは、時代劇の中での忍者について少し詳しく掘り下げていきます。

忍者といえば、今や世界的に知れ渡った日本を代表するキャラクターになっています。では、その忍者のキャラクターやイメージはいかにして現在まで変遷してきたのか。それを追ってみたく思います。

## 忍者の実像

その前に、まず「実際の忍者」はどうだったのかを簡単に述べてみます。

以前、新幹線の車内誌『ひととき』で伊賀を訪れた際、忍者研究の第一人者である三重大学の山田雄司《やまだゆうじ》教授と、甲賀《こうが》流忍術の本物の継承者である川上仁一《かわかみじんいち》さんのお二方に取材させていただいたのですが、かなり衝撃的でした。時代劇を研究しながら、史実での忍者についてもある程度は知っているつもりではいましたが、そのことごとくが覆されていきました。実像と虚像の違い、つまり映画の中のイメージと実際とでその姿は大きく違っていることを学んだのです。

このとき川上さんに、写真撮影のために忍者の恰好《かっこう》をしていただいたのですが、その服装が――俗に言う忍者服、頭巾《ずきん》があって――というお馴染《なじ》みの服を着ていなかったのです。川上さんが着てきた恰好は、ほとんど農作業の恰好。野良着にほっかむりでした。

有名な忍者頭巾は、目の所だけ出ていてそれ以外は黒い布で覆われていますよね。これは顔を晒《さら》さないためなのですが、よく考えると忍者というのは敵地に潜入していろいろな情報収集をするのが仕事なわけです。つまり、頭巾を被《かぶ》ってしまうと聴覚と視覚が遮られてしまうので向いていない。だから実際には被っていなかったようです。

それから、山田教授のお話では、忍者は敵に見つかってしまったり、「あ、忍者がいる」と思われてはいけない。ですので、一目で忍者だとわかる特徴的な恰好をするわけがないという。言われてみればそうですよね。

ですから、基本的に忍者は、どこにでも紛れ込める恰好をしている。日常的で、動きやすい恰好をしている。なので、ほっかむりに野良着というのが一番よいと。ほっかむりが便利なのは、視界も遮られないし、夏は日よけ、冬は防寒にもなるということでした。

もう一つ驚いたのが、忍者の代名詞である手裏剣も使わないという話です。なぜかというと、これも同じ理由です。捕まったときに、手裏剣を持っていたら、忍者だとバレるということ。それから、あの形は持ち運びしにくい。しかも忍者は潜入が仕事なので、鉄製の重い手裏剣を持っては動きにくい。そして、鉄は高価だったので、使い捨ての武器に鉄を使うわけがなく、川上さんがおっしゃるには、石を投げるぐらいだったのではないかと。

そうした生活風俗だけでなく、組織に関しても史実は異なっていました。

よく時代劇に出てくる設定として、「抜け忍」があります。忍者の組織は非情な掟《おきて》で縛られていて、何人《なにびと》たりともそこから抜けてはならない。組織から抜け出した者は「抜け忍」という立場になって、組織は殺すために追手を放つ。これがまあ実に盛り上がるわけです。

ところが、それも存在しないと。なぜなら、忍者の組織に非情な掟自体が存在しないというのです。あったとしても、かなり緩い組織——互助会的なものだったと。

それをまさに証明するかのように、二〇一七年末の朝日新聞に漫画家の白土《しらと》三平《さんぺい》のインタビューが掲載されていました。この「抜け忍」という概念が彼の描いた『カムイ伝』という漫画で有名になり、後の映像作品などでよく使われるようになったのですが、それについて「あれは史実ではなく自分の創作だ」と告白しているのです。

つまり、我々の抱く忍者のイメージは、実はその大半が映画などの時代劇で作られたものだということです。

## ファンタジーを託されたキャラクター

山田教授がおっしゃるには、忍者というのは、研究するほど、よくわからない部分がたくさん出てくる。ずっと秘密の活動をしてきたわけだから、あまり史料が残っていないわけです。ということは、逆に考えれば、時代劇の作り手からすると、いくらでも創作を盛り込むことができる強みがあるということでもある。

実態がよく分からないのなら、さまざまにイマジネーションを広げることができます。潜入活動のための特殊な技術もあるし、そもそもの役割自体も特殊なため、現代にはないファンタジー性——「忍者がこういう活躍をしたらいいな」「忍者にこういう忍術があったらいいな」「忍者がこういう潜入活動をして、こういう任務をやったらいいな」——という創作を盛り込むことのできるキャラクターだということです。

折に触れて「時代劇は史実の再現劇ではなくファンタジー」と述べてきましたが、時代劇をファンタジーとして描く場合に、忍者というキャラクターはとても便利な存在なのです。

忍者というのは戦国時代、江戸時代のキャラクターだと思われがちですが、現代になってイメージが形作られたキャラクターだといえるでしょう。

## 変身ヒーローとして始まる

それでは、時代劇はどのように忍者を描いてきたのか、そのイメージの変遷について語りたいと思います。

その前段階としてあったのが、明治終わりから大正時代にかけて登場した、立川文庫という出版レーベルです。ここでは子供向けの冒険小説を出していました。そして人気を博したのが『真田十勇士』。真田幸村の家臣の忍者十人が奇想天外な術を使って活躍する。

それから『**児雷也**《じらいや》』。ガマガエルの化身である主人公の児雷也、大蛇の化身である悪役の大蛇丸《おろちまる》、ナメクジの化身であるヒロインの綱手《つなで》姫、三者の忍者の三つ巴《どもえ》の戦いが描かれ、それぞれがそれぞれの化身元である生物に変身して戦います。

それが子供たちの人気になっていきます。つまり、忍者は最初はそういう奇想天外な術を使うヒーローとして登場してきたわけです。

これを映画で演じたのが、この本で既に何度も出てきております日本最初の映画スターである尾上松之助でした。

特に、牧野省三監督の『豪傑児雷也』で児雷也を演じる際に使われた特撮が、当時の観客を魅了します。

印を結ぶと次のカットで煙がパッと立ち、次のカットでその煙が晴れてガマガエルに変身しているわけです。

簡単に言うと編集を使ったトリックです。まず、尾上松之助が印を結んでいるフィルムを撮り、一たんカメラを止める。今度は煙が立っている画《え》を撮り、またカメラを止めて、最後にガマガエル人形の写真を撮る。その部分を全部繫《つな》ぎ直すと一連の動きに見えるということで、最初に挙げた流れに見えるわけです。

いま考えると本当に単純なトリックですが、人間がガマガエルに変身する映像を目の前で見せられたことで、当時のお客さんたちはものすごく驚いて喝采《かっさい》した。それが大きな人気になっていったということです。

つまり、後の「仮面ライダー」などに連なる特撮を使って変身するヒーローのもとは忍者でした。特撮を使った、奇想天外な術を使って活躍する子供向けヒーローとして出てきたのが、時代劇における忍者のスタートだったわけです。

## 小説での「忍者革命」

この忍者像が一九五〇年代の終わりあたりから大きく変化していきました。まさに忍者革命のような状況が起きたのです。

大きな特徴としては、子供向けのヒーローだったものが、大人向けドラマの登場人物へと変わる。

まず変化があったのは、主君との関係性です。戦前は「真田十勇士」が特徴的ですが、頭領の真田幸村のために命を懸けて戦うという描かれ方です。忠君を是、主君のために命をかけて戦うことを「良いこと」として描いてきた。それが「忍者革命」によって「主君のために尽くす」というのは、実は空しいことであると、描き方が変わってくるわけです。

つまり、反体制の象徴的な存在へと、忍者の描き方が一八〇度変わったわけです。今のブラック企業問題にも通じる話ですが、「滅私奉公」を是とする話から非とする話になっていきます。

戦争でアメリカに大敗北を喫して、日本は焼け野原になっていた。自分たちの周りの人間、家族や友達が戦死していなくなってしまうのを目の前で見てきた。そして、一九四五年八月十五日を境に、これまで受けてきた教育が一八〇度変わってしまうのを経験しているわけです。

それもあって、戦中派世代と言われる人たち——いま八十歳以上になりますか——基本的には、国家や体制というものに対する不信感をもともと強く持っている。

そういう人たちが表に出て活躍するようになったのが、一九五〇年代終わりぐらいということになります。そして、忍者の描き手たちの世代交代が行われるようになったわけです。

もう一つ重要なポイントは、一九六〇年の安保闘争です。岸《きし》内閣が日米安全保障条約を改定することに反対して、全国的に大きな学生運動、デモ運動が起きる。それで反体制的な気運が高まっていきました。

体制というものはこれでよいのだろうか、体制と個人はどのように向き合うべきか。そうした視点が、映画、小説、芝居、漫画——全ての創作の大きな潮流になっていく。

そうした中で、これまで美談とされてきた「滅私奉公」は「個人を抑圧する非人間的な関係」と捉《とら》えられていきます。そして、「忍者革命」が起きるわけです。

## 山田風太郎の「忍法帖」

この「忍者革命」期に押さえておきたい作家が四人います。

まず名前を挙げたいのが、山田風太郎です。

その名を大きく馳《は》せることになったのが、一九五八年の『**甲賀忍法帖**』です。これが、忍者の描き方を大きく変える作品の一本でした。

ここに出てくる忍者たちも奇想天外な術を使うには使いますが、それで何か大きな活躍をしてヒロイックに戦うのではありません。すごい術を使うけれども、それは単に政治闘争の道具として使われるだけで、彼ら自身は何も得ることがなく、無残に死んでいってしまう。

舞台となるのは、史実でもあった徳川の三代将軍を巡る後継者争い。竹千代《たけちよ》＝家光派と国千代《くにちよ》＝忠長派が争っていて、家康がどちらを後継者にするか悩むわけです。

で、ここからがこの小説の世界での創作なのですが。伊賀と甲賀の忍者を十対十で戦わせて、伊賀が勝てば竹千代で、甲賀が勝てば国千代、勝ったほうに跡を継がせる。

でも、伊賀にとっても甲賀にとっても、忍者たち自身には戦う理由は全くない。権力争いというゲームの駒として使われてしまうだけ。しかも、伊賀と甲賀がそれまで揉《も》めていたのを、頭領同士が結婚することで和解しようとする動きがある矢先での出来事です。その上、頭領同士は本当に愛し合っているという、ロミオとジュリエット的な構図もある。

それが十対十で殺し合うことになって、双方ともに凄《すさ》まじい術を駆使した死闘を繰り広げるのですが、最終的にみんな死んでいって、すべて空しいままに終わってしまう。

忍者に「非情の世界に生きる空しい存在」というキャラクター性を与えた、エポックな作品です。そして、山田風太郎はこの後も『伊賀忍法帖』『くノ一忍法帖』と、術を駆使して権力者に立ち向かう個人の闘争を描き、反体制的な忍者像を確立させます。

## 司馬遼太郎と村山知義のリアル路線

山田風太郎と同じく一九五八年に台頭した小説家が司馬遼太郎でした。後に歴史小説で名を馳せる司馬ですが、彼のスタートは忍者小説でした。翌年、司馬は『梟の城《ふくろう》』という作品で直木賞を取っています。ここでの忍者の描き方が新しかった。

山田風太郎との違いは、奇想天外な、現代の我々ならどう考えてもできないであろう技を使わないことです。リアルな体術として、こういうことはできるであろうと考えられる忍術。実際に語り継がれている忍術書などに出てくる技を使っていく。忍者というもの、忍術というものを、奇想天外なものから、リアルな存在として描いていったのが新しいところです。

もう一つ新しかったのは、個性的なヒーローだった忍者を、一人の人間として描いた点です。

主人公はもともと伊賀の忍者でした。伊賀は織田信長の攻撃によって壊滅的になってしまうわけですが、その生き残りの一人で、信長への復讐《ふくしゅう》を考えていたけれども、本能寺で信長は殺されてしまう。そこで、代わりに天下を取った秀吉に戦いを挑むことにする。ただ一人で秀吉に喧嘩《けんか》を売っていく。そして実は、この忍者が大盗賊の石川五右衛門だったということになります。つまり、秀吉と石川五右衛門の戦いを、権力者と、権力者に虐げられてしまった個人という構図に置き換える。その中で、一人の人間がどう葛藤《かっとう》し、そして戦っていくかということを、復讐の物語として描いたのが新しかったところです。

これ以降、一人の個人のドラマとして忍者が描かれるようになりました。

同じような文脈で登場するのが、一九六〇年に村山知義《むらやまともよし》の書いた『忍びの者』です。これも『梟の城』と同じで、石川五右衛門は伊賀の忍者であるという説に則《のっと》っています。まず織田信長との戦いがあり、続いて秀吉との戦いになっていく。やはり反権力の立場にいる忍者が描かれたわけです。

この石川五右衛門の描き方で面白いのは、単に個人として戦っていくだけではなくて、伊賀という組織自体も問題があるということ。百地と藤林《ふじばやし》、伊賀では二つの勢力が争っているという設定で始まります。が、実は、争っている二つの勢力の頭領が同一人物という裏があり、同一人物が自分の権威を高めるために忍者組織同士を争わせていた。その下で戦わされている忍者たちは、本来は何も戦う理由なんてないわけです。

そして、主人公はこの頭領に支配される形で信長暗殺の任務を無理やりに負わされることになる。

これを連載していた媒体は『赤旗』、日本共産党の機関紙です。村山知義自身も共産党シンパだったので、左翼的な思想や反権力の思想を忍者に仮託していたわけです。

**白土三平の「反体制」忍者**

それから、一九五九年に、忍者像を考えるうえで決定的な人間が登場します。それが白土三平です。

いままでの漫画は子供向けだったのが、この時期から貸本屋という漫画レンタル屋が流行するのですが、ここに置かれていたのが大人向けの作品でした。これが後に劇画になりますが、かなりハードな物語設定・展開で描かれている。

ここで白土三平が描いたのが『**忍者武芸帳**』でした。「影丸《かげまる》」という忍者を主人公にした作品です。

戦国時代を舞台にしたさまざまな人間の群像劇ですが、影丸たちは、農民を率いて大名たちに対する抵抗をしていく。つまり、権力や体制への抵抗の手段として忍術を使うわけです。その次に出てくるのが『カムイ伝』。非情な忍者組織に非情な掟があり、そこから逃げ出していく忍者がいる。それに対して刺客が放たれ、追い込んでいく。

自由を求めようとする個人がいて、組織であり権力というものは、そうはさせまいとする。そこには相克の関係がある。かなり現代的なテーマと言えるわけですが、それを描いて人気になったのが白土三平です。

山田風太郎、司馬遼太郎、村山知義、白土三平、四人の登場で、これまでは子供向けのヒーローだった忍者というものが、一気に大人のドラマの登場人物として捉《とら》え直されていったのが、一九六〇年前後でした。

## 映画での革命

一九六〇年前後に小説などの世界で忍者像が変わり、二年後の一九六二年に映画の世界でも忍者の革命が起きます。

先ほどの作家四人の登場によって、忍者に対する意識が変化していたこともありますが、映画側の事情もあるわけです。

特にその中で、一九六一年に登場した『用心棒』、六二年の正月映画『椿三十郎』、この二本が大ヒットしたことで、この生々しい迫力の前に、東映時代劇の煌《きら》びやかな世界が成り立たなくなってしまい、作り手も観客も趣向が一気にリアルで残酷な方向へ移っていく。時代劇の世界で、まず革命的な出来事が起きたわけです。

もう一つ、忘れてはいけない事実としてあるのが、今度はハリウッドの話です。一九六一年に、グレゴリー・ペック主演の『ナバロンの要塞《ようさい》』が大ヒットしました。第二次世界大戦を舞台にした映画で、連合国軍のスパイたち、工作部隊の人間が、ナバロンにあるナチスドイツの要塞に潜入し、破壊工作をしていく話です。

翌年の一九六二年に登場するのが『００７』で、第一作が「ドクター・ノオ」、一九六三年に「危機一発」――後に「ロシアより愛をこめて」というタイトルになりますが――これが大ヒットしたことによって、つまり、『ナバロンの要塞』と『００７』の大ヒットで、アメリカではスパイ映画がブームとなり、それが日本でも流行《はや》っていくわけです。

では、日本でスパイ映画をやるとしたら、どうするか。そう、忍者です。忍者を使えば、時代劇でスパイ映画が作れるということになってくる。

それと、黒澤明の『用心棒』以降の流れが合わさる形で「リアルな諜報《ちようほう》映画」としての忍者映画が求められるようになります。

それから、先ほどの四人の作家がつくってきた新しい流れがある。つまり、リアルな諜報ものを描き、その中で殺伐とした立ち回りが描かれ、個人と権力との葛藤が描かれていくことになっていって、時代劇での忍者はいままで特撮ヒーローだったのが、映像の世界でも全然違うものになっていきます。

## 雷蔵『忍びの者』の新しさ

その口火を切ったのが、一九六二年に大映で作った『忍びの者』でした。市川雷蔵主演の映画です。

先ほどの小説の映画化作品で、内容はほぼ原作通りです。そして、後の忍者のビジュアルイメージを形作る上で大きな役割を果たしています。

この作品で忍者の衣装が大きく変わります。これまでは、歌舞伎の石川五右衛門のように、とにかく派手な恰好をしていました。つまり、忍ぶ者ではない忍者、あくまでもヒーローとしての忍者だったのですが、ここから有名な黒装束の忍者になる。忍者が個性の時代から没個性の時代に変わってくる。みんな同じ黒い服装をしているわけです。

それによって、忍者は特別な存在ではなく、組織の歯車に過ぎないということが映像としても表現されることになります。

そして、リアルに諜報活動を行う忍者がここで初めて映像として登場します。ただ、これまで誰もやっていないので、どうやって表現するかが大きな問題になってくるわけです。

実際に行われていたであろう忍術の動きを、特撮を使わずに役者が表現しないといけない。主役は市川雷蔵ですが、もともと体が弱い方なので、自らアクションをすることはできない。代わりにやるのはスタントマンたちです。日本でスタントの技術や存在もそんなに認められていない中で、忍者の動きを映像としてどう表現するか。ゼロから作っていかないといけなかった。

そこで活躍したのが、日本で最初のスタントマンと言われる宍戸《しし ど》大全《だいぜん》という方です。時代劇のクレジットを見ると「特技　宍戸大全」というのを目にすることがありますが、これは「得意技」という「特技」ではなく特殊技能の略です。そして、それがスタントを意味しています。この人が、この作品で忍者の動きを体現しました。

だからといって、実際の忍者から習うことができない。そこで、当時できたばかりの自衛隊に入って、レンジャー部隊の訓練に参加します。たとえば、屋根から屋根へ飛び移る動きや、屋根から地面に飛び降りる動き。それから、縄を使って壁をよじ登ったり下りたり、石垣を登ったり下りたりする。そういう動きは、考えてみるとレンジャー部隊の動きなんですよ。それを自衛隊で教わってきて、自分の弟子たちに伝えて、グループで忍者アクションができるようになっていく。

この『忍びの者』が忍者映画の歴史上で大きいのは、黒装束を出したことと、没個性の忍者を描いたこと。そして、これによってリアルな忍者アクションが誕生したということで、かなり大きな作品だったということが言えるわけです。

## 東映集団時代劇での中核的存在として

この流れが、東映時代劇にもやってきます。それまで東映は華やかなヒーロー時代劇を作ってきたわけですが、この時期に全く当たらなくなる。一九六二年はお客さんが半分以下に減りました。

そこで、思い切ってそれまで逆のことをやろうということになります。そこで始まったのが「東映集団時代劇」。一人の圧倒的に強いヒーローでお客さんが入らないのなら、集団の圧倒的な強さを持たない没個性の者たちの話を作ろうということです。それには忍者はピッタリでした。

一本目は六三年の『**十七人の忍者**』です。タイトルからしてそうですが、主人公が忍者で、しかも十七人いる。

どういう映画かというと、先ほどの『ナバロンの要塞』を日本でやってみようという発想でした。駿府《すんぷ》城にある書状を盗み出すために、主人公の大友柳太朗、里見浩太朗たち十七人の忍者が潜入していく話です。一方、守る側に近衛十四郎がいて、攻める側も守る側もスターがいて――双方が読み合いをするわけですね。どうやって防備された要塞である駿府城に潜入し、書状を奪い出すかという側と、それをどう守るか。ここでも奇想天外な術は使われていません。スパイ映画のような潜入劇の面白みを、サスペンスとして描いています。

これまでの東映ヒーローものと違って、登場してくる十七人には正義とかヒロイズムはありません。書状を手に入れるという任務を遂行することがすべて。名もなき黒装束の忍者たちが、任務のために命がけの戦いを繰り広げる話です。ヒロイズムではなくプロフェッショナリズムとして忍者の精神を描いています。

他にもこの路線では、『**柳生武芸帳　片目の忍者**』『**十兵衛暗殺剣**』といった、近衛十四郎が柳生十兵衛を忍者として演じた傑作がありますが、これは既に紹介しますので、そちらに譲ります。

とにかく「非情」で「リアル」、これがこの時期の忍者の描かれ方でした。

## 『隠密剣士』の変化

忍者の描き方の変化は、テレビの世界でも起きます。

それが一九六二年に始まった『隠密剣士《おんみつけんし》』（ＴＢＳ）です。主演は大瀬康一《おおせこういち》。悪の組織みたいなものに対して主人公のヒーローが戦う話ですが、第一部は視聴率が低迷しました。戦前的な分かりやすいヒーローものでしたが、この時代になるとそれは子供向けですらなくなっていました。そして第二部から悪役を甲賀忍者に変えて、黒装束の忍者軍団が主人公に襲い掛かるようにしたところ、大ヒットしました。

人格を持たない、無個性な集団として忍者が大挙して迫ってくる。しかも、いろいろな術を使うので恐ろしいわけですよ。この忍者の怖さを引き立たせたことで、忍者と戦っていくサスペンスというものが大きな魅力になっていき、物語は盛り上がって大人気シリーズとなりました。

## 『赤影』の重要性

忍者の描かれ方はこの時期に革命的な変化が起きますが、一方で、完全に戦前から続いていた奇想天外な忍者像がなくなったかというと、ちゃんと子供向け特撮ヒーローとしての忍者時代劇は人気を持続していました。漫画でも白土三平が『**サスケ**』を描いたり、それを受けて、横山光輝《よこやまみつてる》が『**伊賀の影丸**』を描いたり、少年忍者ヒーローが人気を博しています。

その流れで出てくるのが、一九六七年に東映が作ったテレビシリーズ、『**仮面の忍者　赤影**』です。これは、全く忍ぶ気がない忍者と言ってもよいけれど、赤影、青影、白影といて、仮面舞踏会みたいなマスクをつけていて、スカーフもつけています。前の年に『ウルトラマン』が大ヒットしていたこともあって、戦う相手も怪獣。ここまでぶっ飛んでいれば、奇想天外なことをやっても観客に喜んでもらえるということですね。

忍者を描く上で、リアルに振れるにしても奇想天外に振れるにしても、中途半端はよくなくて、徹底的に振れるべきということなのでしょう。忍者はファンタジーなので、それも当然といえます。

その後も、子供向け特撮ヒーローとしての忍者ものは、『**忍者キャプター**』、『**世界忍者戦隊ジライヤ**』、『**忍者戦隊カクレンジャー**』、『**手裏剣戦隊ニンニンジャー**』という形で、現在に至るまでずっと繋がっています。

## 「くノ一」の登場

もう一つ、一九六〇年代の忍者革命の中で忘れてならないのは、女忍者の登場です。

戦後になって日本は何が変わってきたかというと、女性が台頭してきたことがあります。

実は、時代劇の世界でも女性の台頭、つまり、女忍者「くノ一」がこの時期、一九六〇年を過ぎてから登場したことです。先ほど挙げた四人の作家の作品でも、女忍者たちが大活躍しています。

ちなみに「くノ一」というのは「女」という字を分解すると「く」「ノ」「一」になるため、ある種の隠語として使われていたといわれています。

それまでも、女忍者は登場していましたが、あくまで男忍者のアシスタント的なポジションでした。それが、この時期からは、自らの意志で人生を選択し動く。戦いにおいても、いろいろな術を使いながら、男と対等以上に戦うようになるわけです。

参考として、一九五三年に『**女間者秘聞　赤穂浪士**』という作品があります。これは忠臣蔵の話ですが、当時はＧＨＱから仇討《あだうち》を描くことは禁止されていたので、代わりに、仇討の背後で動いた女間者の活躍を描いたものだとエクスキューズすることで仇討を描いた作品です。ここでは、あくまで忍者は間者――敵地に潜入して情報を引き出す、赤穂浪士の手助けをするだけの役割でした。

大きく変わるのは、一九六三年の映画『真田風雲録』。加藤泰監督、中村錦之助主演です。その前年に福田善之《ふくだよしゆき》という劇作家が書いた戯曲の舞台化作品が大人気になったのを受けて映画化されました。

これは真田十勇士を主役にした話で、いろいろ奇想天外な術を使うけれども、あくまでも反体制のゲリラ部隊として描かれています。そして新しかったのが、ここで初めて、自ら前線に立って戦う女忍者が登場したことです。十勇士の一人・霧隠才蔵が実は女だったという設定で、お霧《きり》という女性を渡辺美佐子《わたなべみさこ》が演じています。

そして、現在に至るくノ一のビジュアルイメージはここで初めて出てきます。つまり、ポニーテールで、ホットパンツで、網タイツ。いまでもコスプレする人たちの基本パターンとしてありますが、べつに、江戸時代や戦国時代に実際にああいう人たちがいたわけではなくて、六二年の『真田風雲録』の舞台化でこのビジュアルは初登場します。

これを発案したのは『真田風雲録』の演出をした千田是也《せんだこれや》という、俳優座をつくった方です。この人が自らデザインしたイラストを描いてきて渡辺美佐子に見せて、「この衣装を着てくれ」と言ったそうです。千田是也は、日本にスタニスラフスキーという演技メソッドを導入した人であり、俳優座で仲代達矢や平幹二朗という次世代の名優たちを育てています。

それだけでなく、くノ一のビジュアルイメージをつくった人でもあったわけです。

そして、一九六四年に出てくるのが東映『くノ一忍法』。山田風太郎原作**『くノ一忍法帖』**の映画化です。セックス、性にまつわる秘技を使って男たちを誘惑し、翻弄《ほんろう》していくという作品です。一般的に女性はどうしても腕力や身体能力で男にかなわないところがある。それをカバーするために、「女の武器」を使って対抗し、男たちを凌駕していくという描き方です。

この辺の流れで、初めて、「くノ一＝お色気」というイメージが生まれていきました。

## 完成期――『子連れ狼』『柳生一族の陰謀』『影の軍団』

一九六〇年代に大きく忍者の姿が変わっていった中で、一九七〇年代、八〇年代になり、映画の世界では忍者のイメージが完成に近づいていきます。

基本的なパターンは、物語としては、政治闘争や、さまざまな人間の葛藤など、ハードな物語展開があり、その一方で、人間の体術を限界まで駆使したアクションを組み合わせる形で、忍者ものの作品が人気を博していきます。

一つは**『子連れ狼』**。小池一夫原作の劇画がスタートですが、拝一刀という剣客が柳生一門の罠《わな》にはめられ、浪人になってしまう。彼らに命を狙われ続けて、それを迎え撃っていくという作品です。柳生には、裏柳生という特別な忍者組織があって、主人公は襲い来る彼らのさまざまな忍術と戦っていく。

そしてこの流れを大きく進めていったのが千葉真一と彼が率いるジャパンアクションクラブ（ＪＡＣ）です。千葉真一がアメリカからさまざまな道具を導入して、それまでの日本映画にはなかったアクション表現を開拓していきます。その結果、ワイヤーやトランポリンを使ってアクロバティックな動きが可能になりました。

その中で登場したのが、一九七八年の映画**『柳生一族の陰謀』**です。これで千葉真一は柳生十兵衛を演じていますが、彼の下で働く根来《ねごろ》忍者として真田広之を中心にＪＡＣの若手たちが激しいアクションを繰り広げます。二階から飛び降りたり、崖《がけ》から飛び降りたり、屋根を飛び移ったり。

そして、これを前面に押し出したのが千葉真一主演の一九八〇年**『服部半蔵　影の軍団』**というテレビシリーズです。忍者たちのアクロバティックなアクションが大きな見せ場になっています。この作品がビジュアル面やドラマとしての描き方も含めて、「忍者もの」の完成形を作ったと言っても過言ではありません。

こうした忍者像が海外でも人気になります。一九八一年、アメリカの**『燃えよＮＩＮＪＡ』**という作品で、ショー・コスギが忍者アクションとカンフーの動きが融合したアクションを見せ、アメリカで忍者ブームが起きます。

それから、八二年には真田広之が香港に渡って作った『龍の忍者』が公開されます。香港のド派手なアクションと忍者アクションが融合する作品で、これがまたハリウッドでヒットしています。

こうした流れを経て、忍者というのは日本を代表する世界的キャラクターになっていきました。

## 『真田太平記』のリアルさ

一方で、リアルな忍者というのもこの時期に出ています。

一九八五年、ＮＨＫの大型時代劇『真田太平記』です。

池波正太郎の小説が原作になっています。真田家が豊臣時代から徳川時代の初期にかけていかに生き残っていったかを描く話で、父親の真田昌幸を丹波哲郎が、長男の信之《のぶゆき》を渡瀬《わたせ》恒《つね》彦《ひこ》、次男の幸村を草刈正雄《くさかりまさお》がそれぞれ演じています。

これが面白いのは真田、徳川、豊臣、それぞれが忍者を抱えていて、表では大名たちの政治的な駆け引きや合戦が展開されているのですが、それと同時にその裏側での忍者たちの活躍も描かれている点です。大河ドラマ系の歴史劇では、あまりなかったことでした。

しかも、何かスーパーな活躍をするわけではなく、あくまで諜報活動のみ。仕える主君が的確な判断をくだせるような情報を各地に潜入して得ようとするわけです。たまに暗殺も企《たくら》みますが、ほぼ諜報活動だけをやる忍者で、特別な技は一切使わない。

そして新しいのは衣装です。川上仁一さんがおっしゃっていたような、普段着に近い恰好をしています。諜報活動がメインなので、カッコよくする必要はないわけです。つまり、忍者衣装を全く着ないで、街に紛れ込む。街へ行けば、街の衆の恰好をする。山へ行けば山の衆の格好をして、目立たないようにする。史実に近いリアルな忍者を描いたということで、歴史劇の中にもちゃんと忍者という存在が溶け込むようになっている。これは実は、時代劇史上でも珍しいことだったりします。

## エロティック「くノ一」の活躍

そして、八〇年代の忍者で忘れてはならないこととして、一九八六年『水戸黄門』に、由《ゆ》美《み》かおるが演じる「かげろうお銀」が登場したことです。これが、『真田風雲録』で渡辺美佐子がやった、ポニーテール、ホットパンツ、網タイツというコスチュームを、さらに派手にした色合いで現われます。それからお色気もあって、毎回お風呂《ふろ》に入って、悪代官が覗《のぞ》こうとすると水をジャバッとかけるという場面が定番になりますが、これが有名になったことで、「くノ一＝お色気」というイメージが定着します。

さらに、一九九〇年代になると、オリジナルビデオで山田風太郎の『**くノ一忍法帖**』シリーズが登場します。これは、アダルトビデオの女優を大量に登場させて、エロティックに描いていく。服装も、由美かおるから来る煌びやかな、キンキラキンに派手な極彩色の格好ということで、「派手なお色気」というのがくノ一のビジュアルイメージになりました。

## 忍者時代劇の現状

九〇年代はテレビも映画もミニマムな江戸情緒の世界を描くようになり、忍者はあまり出てこなくなります。それが二〇〇〇年代に入ると、また忍者映画が作られます。

現代的なビジュアルの中で忍者を新しく創造できないかという試みが行なわれる。ミュージックビデオを撮ってきた監督たちが、忍者ものをリメイクしてみようと、スタイリッシュな映像で現代的な忍者を描く作品が出てきました。

二〇〇一年、中野《なかの》裕之《ひろゆき》監督の『**ＲＥＤ　ＳＨＡＤＯＷ　赤影**』、これは『仮面の忍者　赤影』のリメイクです。それから、二〇〇五年には『甲賀忍法帖』を原作にした、下山《しもやま》天《てん》監督の『**ＳＨＩＮＯＢＩ**』。それから、石川五右衛門を描いた紀里谷《きりや》和明《かずあき》監督の『**ＧＯＥＭＯＮ**』が二〇〇九年。

ただ、これらはいずれも、ビジュアルとしては表面的なカッコよさはありましたがそれだけで、興行的にも内容的にも大失敗に終わってしまいます。

この少し後、アメリカではスーパーマンなどアメコミのヒーローたちが、二〇一〇年前後から新しく生まれ変わる形で映画化されていきます。このリブートの流れが『アベンジャーズ』を核とするブームになり、大成功します。

ミュージックビデオの監督たちが忍者映画を撮っていた時期に、一連の作品が忍者リブートとして成功していたら、忍者映画はいまの『アベンジャーズ』的な扱いとなって、時代劇のあり方も変わっていったと思います。それだけにこのときの失敗がとても惜しい。

それを経て、現代になってくると、二〇一七年、日本映画で大作のエンターテイメントを作りたいという中で、『忍びの国』という作品が出ました。CGを使いながら、リアルな忍者の世界と派手なアクションを融合させた作品です。

それから、『関ケ原』という作品もありました。合戦自体は安っぽくて面白くなかったですが、ここでは有村架純《ありむらかすみ》をくノ一として登場させて忍者アクションをやらせています。これが実にカッコよかった。

まだ日本の映画製作者の発想はなかなか追いついていない部分もありますが、今後、どんどん新しい忍者ものが海外も含めて出てくることを期待したいですね。

# 第三章　大河ドラマってなんですか？

大河ドラマ。今も放送をしているNHK日曜夜八時の番組枠です。歴史劇を作り続けている枠で、ここから時代劇に入っていったという人も少なくないと思います。私もそんな感じです。

ただ、大河ドラマをこれから観ようという人は、どう楽しんでいいものか分からないのではないかな、という気もします。そもそも大河ドラマって何が楽しいのという人も見かけることがあります。ただ単に歴史を年表的に追いかけているだけじゃないかとか、勇ましい偉人伝ばかりではないのかとか、堅苦しいものじゃないかとか思っている人もいるかもしれない。

ですから、大河ドラマって基本的にこういうものですよという話をしてみる必要があると思っています。

## どのように大河ドラマは始まったのか

まずは大河ドラマがどうやって始まって、どういう変遷をしたかという、草創期の話をしていきます。なぜこの話から入るかというと、大河のスタートを観ていくと後の大河に繋《つな》がるいくつかの特徴が見えてくるからです。

大河ドラマの放送が始まったのは一九六三年の四月です。その後は一月スタートになっていくのですが、最初だけは四月の番組改編期から始まります。

当時のドラマ編成のトップの人の「国民的ドラマ枠を作ろう」という鶴の一声が始まりでした。当時、ＮＨＫは社会性・芸術性の高いドラマを中心に作られていたのですが、そういうのばかりではいけないのではないか、という話です。たとえば農家の人が仕事から帰ってきた夜、あるいは休日を家族が団らんして過ごす夜、テレビをつけた時にみんなで楽しめるような娯楽というのをＮＨＫは提供するべきではないか、というところから話は始まります。

そして、やるからにはこれまでにない大がかりなものをやるぞ、ということで、一時間の連続時代劇を一年間通すという大プロジェクトになっていきます。当時のテレビは、単発の一時間ドラマを作るのがやっとなくらいの制作環境でしたから、これはかなり無茶な発想だったといえます。

そこで、「国民的番組枠にふさわしい、豪華スターを集めよ」という指示が下ります。でも、当時はテレビと映画は対立関係にありまして。映画大手は「五社協定」というカルテルを作って、テレビに自分の会社にいるスターを出演させませんでした。

という状態で、プロデューサーとしてキャスティングを担当することになった合川明《あいかわあきら》という方は各映画会社やスターたちの事務所をまわります。でも、けんもほろろな扱いを受ける。ところが、その中から松竹で小津安二郎《おづやすじろう》の映画などに出ていた佐田啓二というスター――中井貴一のお父さんに当たる人です――が引き受けることになりました。佐田はアメリカの事情を調べていて、「これからはテレビの時代が来る」と予測していたそうです。

さらにもう一人、ダブル主役として歌舞伎のトップスター・尾上松緑《おのえしょうろく》がキャスティングされます。映画と歌舞伎界の二大スターが共演し、この二人で一年――この時は正確には九ヵ月ですが――通してドラマをやる。

そして大河第一作『花の生涯』が始まります。

これは桜田《さくらだ》門外の変で命を落とした幕末の大老・井伊直弼の物語です。直弼役を尾上松緑が、側近である長野主膳《ながのしゅぜん》役を佐田啓二が演じています。

この題材に、その後にも繋がる「大河らしさ」が出ています。

多くの時代劇での井伊直弼の描かれ方というのは、安政《あんせい》の大獄を行い、彼の政治に反対する吉田松陰《よしだしょういん》ら論客たちを弾圧していった「悪しき権力者」でした。その直弼と主膳を主人公にして、彼の内側にある苦悩、それから嫡流ではない出自でありながら大老にまでなっていくサクセスストーリーが描かれました。

これが大人気となるわけです。

## 『赤穂浪士』の成功

そしてこの枠は継続されることになります。しかも同じスタッフでディレクターは一人だけですから、現場はかなり大変だったと思われます。

それが翌六四年の『赤穂浪士』でした。

佐田啓二、尾上松緑からはじまったので、大スターが出ることがもうこの枠の前提になっています。今度は『花の生涯』の主役二人を超えるスターを連れてこないと——という流れになります。

そして、長谷川一夫という時代劇のトップ中のトップスターを担ぎ出すことに成功しました。映画で時代劇のトップを張る大スターがテレビで主役を張る。しかも、大石内蔵助の役で。別の章の「忠臣蔵」編でも述べましたが、「NHKは長谷川一夫という大スターを使って一年を通した忠臣蔵をやれるだけの力を備えている」ということを内外にアピールすることができたわけです。

これは当時、事件でした。テレビは「電気紙芝居」と蔑《さげす》まれていて、映画界からは下に見られていたわけですから。何年か前に、明石家《あかしや》さんまがネットフリックスのCMに出演して話題になりましたが、今でいうとあれに近いです。「長年テレビのトップに君臨した大スターが、ネット配信のCMに出るのか！」という。今のテレビと配信の関係が、当時の映画とテレビの関係に近いと捉《とら》えると分かりやすいと思います。

さらに、吉良上野介役には滝沢修という当時の劇団民藝という大劇団の看板役者が、内蔵助の妻・りくにこれまた映画のトップ女優である山田五十鈴が出る。他にも名だたる役者をズラッと揃えました。

ただ、豪華なだけではありません。

『赤穂浪士』には堀田隼人という原作オリジナルのキャラクターがいて、大石と並ぶ主人公ともいえるポジションになっています。この大役に、長谷川一夫の付き人で甥《おい》にあたる当時は新人同然の林与一《はやしよいち》が大抜擢《だいばってき》されたのです。それから、当時アイドル的な人気だった歌手の舟木一夫《ふなきかずお》も重要な役に据えられています。

こうした、無名の新人や若手のアイドルをいきなり大役に抜擢する——というのも、後の大河に連なっていく手法です。

## 「現代」への視線

あと、触れておきたいのは、「忠臣蔵」をやる上で、オーソドックスに従来通りの「忠臣蔵」ではなく、大佛次郎の『**赤穂浪士**』を原作に選んだことです。

この原作は大佛次郎が忠臣蔵に対してある種の批評性を込めた作品なわけです。それまでは亡き殿の仇《かたき》を討つために戦う、義士の話だったのが、「浪士」であると置き換えられました。その間の窮乏の生活、あるいは脱落していく人々の話なども出てきます。また、堀田隼人をはじめ大石たちの外側にいる人たちも描写して、元禄という時代そのものを描こうとしました。

堀田隼人は、日本が戦争に向かっていく中で無力になにもできないでいる大佛次郎自身の空しさを投影した姿といわれています。それから「元禄時代」を腐敗と退廃の時代として捉え、赤穂の事件をそのカウンターとして扱いました。

そして、この一九六四年というのは東京オリンピック開催の年。未曾有《みぞう》の高度経済成長のなかで「昭和元禄」と呼ばれていました。その時代に元禄時代を批判的に描いた『赤穂浪士』を原作にもってきた。つまり、現代への批判精神が盛り込まれているわけです。

こういう尖《とが》ったテーマ設定というのも、大河ドラマの在り方の一つになっていきます。

そして、『赤穂浪士』はさらなる大ヒットとなります。これにより、日曜夜八時の大河ドラマ枠が定着し、日曜八時に一年かけて一本のドラマを観ていくというのが一つの流れになっていきました。

## 『太閤記』の革命性

オールスターものを続けて当ててきたわけですが、三作目で一気に路線を変えます。

ここからは、吉田直哉《よしだなおや》という日本のドキュメンタリー制作の草分け的な人がディレクターを担当しています。今でいうと原一男《はらかずお》や森達也《もりたつや》がいきなりテレビドラマ、それも一年かけた時代劇をゴールデンでやるような感じです。この人選だけでも、かなりの冒険です。

そして木下藤吉郎《きのしたとうきちろう》、後の豊臣秀吉を描いた『太閤記』が作られます。ここで吉田直哉は思い切った手を打ちます。配役をオールスターではなく、新人中心に抜擢していったのです。

主人公の秀吉に当時まだ新国劇の若手俳優にすぎなかった緒形拳を起用。そして織田信長は文学座の宮口精二《みやぐちせいじ》の運転手だった高橋幸治《たかはしこうじ》という新人俳優でした。同じく石田三成、佐吉《さきち》の役に若手俳優の石坂浩二。今考えれば豪華キャストなんですが、この段階では三人とも無名。この無名な三人を主要キャストとして一年……という思い切った配役です。

それから、演出の仕方も新しかった。

秀吉を主人公にした第一話のファーストシーンというと、オーソドックスに考えると秀吉が生まれるシーンとか、野原を走る秀吉とかを想像します。それが全然違うんです。

新幹線が走る。前の年に東海道新幹線が開通したのですが――。品川《しながわ》駅を出る東海道新幹線の映像からはじまり、名古屋《なごや》駅に停まる。ＮＨＫにはクレームの電話がかかってきたそうです。何にも知らない視聴者は驚くわけです。大河ドラマを観ているはずがいきなり新幹線ですから。これを見て、「間違った番組が映ってる！」と。

でも、これは吉田ディレクターの演出でした。新幹線が名古屋駅で止まると、名古屋からある村に入っていき、林を抜けていくとそこに農民姿をした若者の後ろ姿が。その若者が振り返ると、それが藤吉郎、後の秀吉だというところから物語が始まっていく。

ただの過去の話ではなく、秀吉の時代を現代と地続きの物語として描きたいというのが吉田ディレクターの考え方としてあり、それをこのファーストシーンで表現したわけです。

これもまた大人気となります。そして、緒形拳、高橋幸治、石坂浩二は一躍トップスターになっていく。大スターを引っ張り出すことで「国民的ドラマ枠」としての価値を作った大河が、今度はその価値をもって新たなスターを作り出すに至ったのです。

## 大河ドラマの四大特徴

この最初の三作に、以降の大河の特色が全て表れています。それは、次の四つです。

一、豪華キャストである
二、重要なキャストに新人やアイドルを抜擢する
三、歴史の再検証。これまで悪役と言われてきた人物をあえて主役に据える
四、現代と照らし合わせる。ただの過去の話としてファンタジーを作るだけでなく、現代について語るジャーナリズム性を入れる

では、この四点に絞って以降の大河について検証してみます。

## 俳優にとっての紅白歌合戦

豪華キャストというのは、観る側にとって嬉《うれ》しいことでもありますが、出演する側にとっても誉れであったりします。「大河に主要キャストで出る」というのがステイタスになっている。ある俳優さんは「役者にとっての紅白歌合戦のようなもの」と言っていました。

こんなエピソードがあります。

仲代達矢は映画と舞台とで多大なる実績を残した名優ですが、テレビドラマにはあまり出ていませんでした。映画産業が落ち目になり、テレビが大衆娯楽の中心になった七〇年代のある日、母親からこう言われたそうです。

「最近、近所で『あなたの息子さんは最近出ないわね。もう落ちぶれたのね』と言われる。私は悔しい。もしできたらテレビに出てくれ」と。当時も映画や舞台でバリバリに出ていて全く「落ちぶれて」いなかったのですが、テレビに出ないというのは「第一線から退いている」と一般的にとられるようになっていたのです。

それまで大河への出演は断っていたそうですが、そう泣きつかれて出演を心に決めます。そんな時に『新・平家物語』の主人公・平清盛のオファーが来て、これを受けた。

「大河に出て親孝行できた」と言っていました。仲代達矢ですらそうなのですから、他の俳優は言わずもがなです。「故郷に錦《にしき》を飾る」といいますが、大河への出演は俳優にとってそれだけの価値があったということです。「俳優としてここまで来た」ということを親族や故郷に示すことができるのが、大河でした。

## オープニングクレジットは役者の番付表

紅白歌合戦の出場歌手が発表になった時の視聴者にとっての楽しみの一つに、誰がどういう順番に歌うか、というのがあります。相撲の番付と同じで、登場順が後ろになるほど「大物」という扱いになる。そして、「トリ」と呼ばれる最後に歌う歌手は相撲でいう横綱、その年の出場歌手の中での「最も大物」の歌手だとＮＨＫが認めた、ということになる。これを誰が担うのかを予想したり、発表とともに答え合わせするのは、出演者にとっても視聴者にとっても、大いに盛り上がる醍醐味《だいごみ》だったりします。

役者にとっても、そうした「番付」というのは存在します。それが、各作品のオープニングのクレジットです。主役が頭に出るのは当然なのですが、「トメ」といって最後にクレジットされるのは「その作品で一番の大物俳優」を意味します。さらに「中ドメ」といって全体の真ん中でクレジットが入る。二番目の大物がたいていここに入ります。それから、トメに向かっていく最終グループ。オールスター作品の場合はここにズラッと大物が畳みかけるようにクレジットされていきます。

そのため、オールスター出演の大河ドラマとなると、「今回は誰がトメになるのか」を考えるだけでも、既に一つのエンターテイメントとして成り立っていたりするわけです。

この「トメ」は紅白の「トリ」のようなものですから、ここにクレジットされることは俳優にとって大きな誉れだったりもします。

『真田丸』に出演した時のことを、草刈正雄はこう言っています。この時、彼は主人公の父親・真田昌幸として出演しました。大ベテランの草刈正雄ですが、これまでは「トメ」になることはありませんでした。だから今回もそうだと思っていたようです。しかも、劇中では最も大役の徳川家康役に大河で主演の経験もある内野聖陽《うちのせいよう》が配されている。だから今回は内野がトメになると思っていたそうです。

ところが、実際に放送を観たら自分がトメに出ている。この時は本当にうれしかったそうです。「ついに俺も大河でトメをとれた！」と。

それだけ、このクレジットは視聴者にとっても出演者にとっても価値のあるものなので、誰をどの順番で出すか、制作者は苦労したようです。

たとえば『**武田信玄**』。これはかなりのオールスターキャストでした。

主役は中井貴一なので、当然彼がトップにクレジットされます。問題はトメです。

西田敏行、平幹二朗、菅原文太と大河の主役経験者が主要な役柄でズラッと並ぶ。そして北条氏康《うじやす》の役で杉良太郎が出てくる。テレビからは引退している状況なのを三顧の礼で迎え入れています。で、ＮＨＫ的には西田の存在が大きいのでこれはトメから外せない。杉も外せない。どちらか一人を選ぶことができない。

そこでどうしたかというと、脚本家に指示してこの二人を同じ回に出さないことにしたのです。

視聴者からすると、その辺のクレジットをスリリングに楽しむ、というのも大河の楽しみだったりするわけです。

## 抜擢される役者たち

ただ、大河は既存の大スターを並べているだけではありません。

『**赤穂浪士**』での林与一と舟木一夫、『**太閤記**』の緒形拳、高橋幸治、石坂浩二のように、新人や演技経験の少ないアイドルを抜擢したりします。

たとえば、『**草燃える**』（一九七九年）。これは鎌倉時代初期が舞台で、北条政子《まさこ》と源頼朝夫妻がどうやって鎌倉幕府を作っていったのかが描かれています。ここに伊東祐之《いとうすけゆき》という架空の人物が出てくる。御家人だったのが落ちぶれて最後は琵琶《びわ》法師になるという役柄で、彼の流転を通して、権力者側だけでないこの時代の各階層の人間たちの姿が映し出されます。

この重要な役柄に、劇団四季の若手俳優で映像作品にはほとんど出ていなくて世間的な認知はあまりされていなかった滝田栄《たきたさかえ》が抜擢されています。

『**草燃える**』の中での大抜擢はまだいます。頼家《よりいえ》という二代将軍が主人公夫婦の間に生まれるわけですけれども、ここに当時トップアイドルだった郷《ごう》ひろみを持ってくる。

『**黄金の日日**』（一九七八年）は戦国時代、堺の商人たちが世の中を動かしていたという話です。当時は市川染五郎《いちかわそめごろう》——今の松本白鸚《はくおう》が主演の呂宋助左衛門《るそんすけざえもん》がさまざまな交易をしながら大商人になっていく。

で、彼には二人の仲間がいる。一人は善住坊《ぜんじゅぼう》、もう一人は石川五右衛門。ここに、抜擢組を入れています。善住坊には、東映のヤクザ映画で殺され役をやっていた川谷拓三《かわたにたくぞう》、石川五右衛門には唐十郎《からじゅうろう》のアングラ劇団にいた根津甚八《ねづじんぱち》。この二人も、ここでの活躍により一般的に認知される役者になっていきました。

**『徳川家康』**（一九八三年）もそうです。『草燃える』で抜擢された滝田栄がついに大河の主役を張るまでの役者になり、家康役で出演しています。この時、織田信長には当時は無名塾の若手俳優の一人だった役所広司を抜擢、一気にスターになりました。

### 若手がベテランを超えていく

新人に近い俳優が主役に据えられ、豪華キャストと対峙《たいじ》していくという図式もあります。代表的なのは**『独眼竜政宗』**。ここで主演したのが渡辺謙。前年に朝の連続テレビ小説『はね駒』でブレイクしましたが、大河の主役をやるにはまだ格が足りない状況でした。しかも脇を見れば勝新太郎、北大路欣也、原田芳雄、岩下志麻《いわしたしま》、津川雅彦《つがわまさひこ》、三浦友和、西郷輝彦。凄《すご》いメンバーが控えているわけです。

翌年の**『武田信玄』**もそうですね。杉良太郎、中村勘九郎《なかむらかんくろう》（後の勘三郎《かんざぶろう》）、西田敏行、平幹二朗、菅原文太というそうそうたるメンバーと対峙する主役に、まだ青さの残る若手だった中井貴一が起用される。

こういう場合の楽しみが、抜擢された若い俳優が大物俳優に挑んでいく構図です。そこには、芝居であると同時にある種のドキュメント性があるわけです。役柄としてのぶつかり合いと、役者としてのぶつかり合い。これが絶妙に絡み合う。しかも、主人公は最初は押されている。これが一年を通して一つの役柄を演じることで、役柄が経験を重ねるのと同時に同時に役者としても成長していく。そのため、若いころは押された感じだったのが、後になると貫禄《かんろく》がついて当たり負けしなくなる。

特に、まだ三十になるかどうかの若さなのにそれだけの成長を見せて見事な貫禄を演じてみせた渡辺謙、中井貴一の両名は圧巻でした。

そうした、一人の若者の成長譚《たん》としての楽しみも、大河にはあります。

## 悪役の再評価

大河をよくご覧になっていない人は、大河は「歴史ドラマの王道」であり、「偉そうな英雄が活躍する話ばかり」と思いがちです。が、それは全くの誤解です。

大河ドラマは、これまでの俗説で悪役として捉えられてきた人物、あるいは日陰にいた人物にスポットを当てて新たな人物像を捉え直そうという作品が実は多い。なにせスタートから井伊直弼ですからね。

他にも『**樅《もみ》ノ木は残った**』（一九七〇年）はその代表例です。山本周五郎原作で、江戸時代の伊達《だて》家のお家騒動の話です。それまでの通説としては、原田甲斐という家老が藩を乗っ取ろうとして粛清されたとされていました。歌舞伎の「先代萩《せんだいはぎ》」はまさにそういう話です。それに対して『樅ノ木〜』は、原田が藩を守るために汚名を被《かぶ》って死んでいったという話になっています。

『元禄太平記』（一九七五年）は忠臣蔵を描いた作品ですが、ここで主人公となっているのは大石だけではなく柳沢吉保《やなぎさわよしやす》。普段の忠臣蔵では吉良を守るために浅野に理不尽な裁定を下す巨悪として出てきます。それが『元禄太平記』では、柳沢がなぜその裁定をしたのかというドラマも描いています。

ここでは吉保を石坂浩二がやっていますが、彼は同じような設定をもう一度やっています。それが『**草燃える**』の源頼朝。石坂は前半の主人公・源頼朝を演じました。

それまでは弟の義経がずっとヒーローと扱われてきて、その義経を陥れる陰湿な兄として頼朝がでてくる。『草燃える』は、それを逆転させるんです。

頼朝は新しい武家政権を鎌倉に樹立したい。そのためには朝廷の影響を脱する必要があると考えている先進的な政治家である。それに対して義経は戦いしか能のない男なんですよ。戦いには勝つんですが朝廷に利用されてしまう。兄がそれを説得してもわかってくれない。

時代の改革者としての頼朝と、分からず屋の義経と、今までと描き方を一八〇度変えています。といって、「ただのいい人」として描くわけではなく、吉保も頼朝も権力を確立するためには邪魔者を容赦なく消していく冷徹な姿を演じている。石坂浩二という人の放つ唯一無二のインテリジェンスが、こうした役柄を嫌味にならずにリアルな存在にしていました。

応仁の乱を題材にした『花の乱』（一九九四年）でも、「守銭奴」として、悪女の代表格のように捉えられてきた日野富子《ひのとみこ》を主人公にして、イメージを一新させようとしています。

## 「逆賊」の捉え直し

そうした中で何度か主人公として描かれてきたのが、従来は「逆賊」と呼ばれてきた人たちです。つまり、天皇に対して反乱を起こした、本来ならこの国では絶対に許されないはずの人たちの「義」を大河は描いています。

たとえば『**風と雲と虹と**』（一九七六年）。これは、平安時代に「新皇」を自称して関東で朝廷への反乱を起こした平将門が主人公になっています。ここでは、朝廷の搾取に苦しんでいる関東の人間たちのために立ち上がったヒーローとして将門が描かれています。朝廷の方が悪であるという。しかも、ミスター正義漢ともいえる加藤剛が演じていますから、観ていると完全に「義」は将門にあるとしか思えなくなります。

『草燃える』もそうです。前半は源頼朝が鎌倉幕府を樹立していくまでの物語で、後半はその妻の北条政子がその幕府の権力抗争に巻き込まれていく。そして最後は承久《じょうきゅう》の乱。後鳥羽《ごとば》上皇との闘いです。初めて武士が天皇家と戦い、そして勝つ。

さらに『太平記』では足利尊氏を主役にしています。彼は上皇どころか天皇と戦い、そして勝利して天皇のすげ替えまで行う。戦前は徹底して逆賊として扱われ、後醍醐《ごだいご》天皇を守り通した楠木正成《くすのきまさしげ》は英雄として扱われました。

その足利尊氏に、当代の二枚目・真田広之を持ってきて、心ならずも天皇と戦うなど、政治闘争の中で苦しむ姿を描き出したわけです。本当は後醍醐天皇と通じるものがあるのですが、片や武家の利益、片や朝廷の利益を守らなければならないという中で対立していくという物語にしていました。

## 善悪が入れ替わる家康と三成

作品によって描かれ方が異なる人物もいます。その代表が**徳川家康**と**石田三成**です。徳川方の人物が主役だったら石田三成が悪役に、豊臣方が主役の場合は家康が悪役になる。

石田三成は悪役の時は嫌味なインテリのキャラクターです。『**独眼竜政宗**』のときの奥田《おくだ》瑛二《えいじ》、『利家《としいえ》とまつ』（二〇〇二年）の原田《はらだ》龍二《りゅうじ》、『**軍師官兵衛**《かんべえ》』（二〇一四年）の田中圭《たなかけい》。頭は切れるけど、融通のきかない、嫌われもののインテリ。人情味がなくて官僚的に差配するから嫌われていく。しかも秀吉の権威をかさにきて偉そうにしている。

一方で、豊臣方が主人公の時は豊臣家のために粉骨砕身する「義の人」という描かれ方をしています。『太閤記』の石坂浩二、『黄金の日日』の近藤正臣《こんどうまさおみ》、『天地人』（二〇〇九年）の小栗旬《おぐりしゅん》などがそうです。

嫌味なインテリと、義の人という両方の面を出したのが『真田丸』の山本耕史。正義のためにがんばっているのに、融通が利かなかったり人の気持ちが分からなかったりして嫌われていくという。

家康の場合、一般的なイメージは「たぬきおやじ」でしょう。食えない感じで、いろいろ裏で策謀を巡らす。関ヶ原の戦いや大坂の陣での動きなどが代表的ですね。

その一方で、「人の道は重き荷物を背負って焦らせるべからず」という言葉に象徴される「我慢の人」でもある。今川《いまがわ》家の人質になり、織田信長とは同盟でありながら従属関係みたいになっていて、信長の命令で妻と子供を切腹に追い込まざるをえなくなったりする。そして、苦労を重ねていきながら人の気持ちが分かる大人物になる。天下をとるにふさわしい器の持ち主という描き方です。

特に『**徳川家康**』で主役として描かれた時が後者の典型でした。子供の頃から苦労に苦労を重ねてようやく天下を取る。それも野心のためではなく、自分のような苦労を二度と誰かがしなくて済むようにという。そのためには時として策謀も使わなければならない。その葛藤《かっとう》が描かれていました。『独眼竜政宗』『葵《あおい》 徳川三代』（二〇〇〇年）の津川雅彦、『春日局《かすがのつぼね》』（一九八九年）の丹波哲郎、『江《ごう》』（二〇一一年）の北大路欣也も、やはり主人公が徳川方である時は器量ある天下人という感じです。

一方、『黄金の日日』の児玉清《こだまきよし》、『秀吉』の西村雅彦《にしむらまさひこ》、『利家とまつ』の髙嶋政宏《たかしままさひろ》、『天地人』の松方弘樹、『真田丸』の内野聖陽。主人公が豊臣方の時は、陰気な野心家として出てきます。

まさに、三成と家康は作品ごとの主人公の立場によって善悪が入れ替わっているわけです。

## 変わらない信長、秀吉、龍馬

その一方で、どの作品でも描かれ方が変わらない人がいます。

主人公がどういう立場にいてもスタンスの変わらないという三巨頭。これが織田信長、豊臣秀吉、坂本龍馬です。

信長は時代の変革者である一方で苛烈《かれつ》な独裁者。時代の変革はするけれども、一方では苛烈な性格から部下たちに恨まれていくという二面性を持っている。この一通りだけです。誰がやっても、舘《たち》ひろしがやっても渡哲也がやっても吉川晃司《きっかわこうじ》がやって高橋幸治がやっても高橋英樹がやっても反町隆史《そりまちたかし》がやっても全部そう。

秀吉は、藤吉郎から羽柴《はしば》秀吉にかけての、信長の家臣だった時期は「人懐っこい素朴な男」として描かれているんですけれども、天下を取ると途端に横柄で人の気持ちを考えない独裁者に変貌していく。

坂本龍馬は全て同じ。司馬遼太郎が作ったキャラクターそのままです。司馬の『**竜馬がゆく**』は大河ドラマの原作になっていますが、それ以降も全て『**竜馬がゆく**』の龍馬です。ようは、自由を求める型破りな革命家。「世の中を変えなきゃいけないぜよ！」みたいな。

信長や秀吉はそれでも一つの人物の中に光と陰の両面が描かれていますが、龍馬はさらに人物としても一面、光のみ。ダークサイドの心理や行動はまず描かれません。

## 大河ドラマの現代性

最後に「現代性」について。

大河ドラマというと「史実の再現」と思われて「史実通りか否か」を重要視する人が少なくありません。でも、大河は他の時代劇と同じで「史実の再現」では決してありません。

基本的には「時代劇」の成り立ちと同じで、現代への批評を仮託したジャーナリスティックな視点が盛り込まれています。

「**昭和元禄**」に浮かれた時代に「元禄時代」を批判的に描いた『赤穂浪士』を原作に選んだのがその最初です。他にも『三姉妹』（一九六六年）という作品は「明治百年」ということで始まった企画ですが、明治維新の功労者たちを主人公にはせず、維新によって苦難の道を歩むことになる旗本の一家を描きました。「明治百年」をキッカケにした戦前回帰的な風潮へのカウンター的な意味あいもありました。二〇一九年の『いだてん』もそうですね。二〇二〇年の東京オリンピック開催に合わせた企画ですが、ただのオリンピック賛歌にはせず、現状のオリンピック運営への批判が盛り込まれていました。


　それから、描かれる時代を現代の日本になぞらえていることも少なくないです。『太閤記』の冒頭が示すように、「現代と地続き」というのが大河の基本スタンスにあります。

『**徳川家康**』はその最たるものです。一九八三年というのはレーガン政権が対ソ連の姿勢を強める一方で、ソ連のアフガン侵攻がある。モスクワ五輪とロス五輪に米ソがそれぞれ参加しないという、冷戦の緊張があった時代です。そして、アメリカとソ連という二大国の間に位置するのが日本。今川と織田に挟まれる中で徳川がいかにして生き残ろうとしたのかを、現代日本の道標《みちしるべ》にできないかという発想もあり企画されました。

──と、いろいろ書いてきましたが、「そうだったかもしれない」「こうだったらいいな」という歴史のロマンに浸ることができるのが大河の一番の楽しみです。あまり面倒なことは考えず、これまで述べてきた他の時代劇と同じく「カッコいい探し」をしながら「現代劇では描けないことを描けるファンタジー」として気楽に接してください。

# 第五部　チャンバラの愉しみ

# 第一章　殺陣はプロレスである！

## 決闘こそ時代劇の醍醐味！

時代劇の魅力を語るうえで、やはり核にあるのはチャンバラです。つまり刀のアクション。殺陣《たて》ともいいます。

ただ、どの役者の殺陣が凄《すご》いとか上手《うま》いとか、そういう話は理解するにはなかなか難しい部分があります。見慣れてくるにつれて初めて「ああ、そうか」と分かってくることでもあるので。そこはもう初心者のレベルを超えた議論になります。なので、ここではしません。

基本的な接し方はこれまで説明してきた通りです。細かいことは気にせず接してもらい、パッと観た中で「わ、面白い！」「迫力がある！」「カッコいい！」とミーハーに感じてもらえたらなあ、と。

その中でも、殺陣の究極の形としてあるのが決闘ではないかと思っています。つまり、一対一の戦い。ここでは、その決闘シーンを「時代劇に馴染《なじ》みのない人でもこう観たら楽しいかもしれないですよ」という感じで述べていきたいと思います。

決闘というのは、そもそも緊迫感のあるシチュエーションです。

いくらザコをたくさん倒しても、観ている方からすると「まあ、勝つよね」なんです。

でも、一対一となるとたいていは強豪同士の戦いですから、どっちが勝つかわからない。

そして、片方は必ず生き残り、片方は必ず命を落としてしまう。極限状況に置かれた人間ドラマなわけです。ですから、必然的にその中では手に汗握るアクションが生まれてくるし、エモーショナルも大きくかきたてられる。

ということで、これを楽しめると、時代劇というのはグッと近づいてきます。

## プロレスとして観よ！

決闘は「プロレス」として観ると面白いです。

といっても最近は「プロレス」というたとえの意味が変わってきているんですよね。「プロレスしようじゃないか」「プロレスやってんだろ」というのは、最近は「茶番」だったり「出来レース」だったり――裏で話ができた上での行いをたとえる際に「プロレス」という言葉が用いられています。

でも、プロレスファンとしてはカチンとくるわけですよ。「そんな甘いもんじゃねえぞ、プロレスは」と。

では「プロレス」とは何かというと、「最高に盛り上がる、戦いのエンターテイメント」です。戦いをどうエンターテイメントとして盛り上げていくか。そのために身体を張り、さまざまな技量を培い、組み立てていく。それがプロレスです。

その上で最も重要なのは、リアルファイト以上に迫力があってワクワクする「戦い」をお客さんに見せる必要があるということです。「なんだ、茶番か」と思わせたらダメなんですよね。自分たちの戦いの世界に、観る者を没入させる。

これが、時代劇の決闘と重なるわけです。

時代劇の決闘も、もちろん本当の殺し合いをするわけではありません。あくまで劇です。でも、「しょせん、劇だよな」と観客に思わせてはいけない。それが劇だということを忘れさせ「本当の斬り合いが行なわれている」と思わせるような迫力を提示することで、初めて成り立つわけです。そのために、作劇があり、演出があり、演技がある。

しかも――これもプロレスと重なる点なのですが――映像にすると実際のリアルファイトって迫力が伝わりにくかったりするんですよね。確実に勝つために動きの効率性が重視されたり、実力が拮抗《きっこう》すると膠着《こうちゃく》状態になったり、一瞬のうちに勝敗が決したり――と、素人目には地味で退屈なものでしかなくなってしまう。

エンターテイメントでそうなってはいけないので、プロレスも殺陣も派手な動きを入れたり、相手の技を受けたりして「見栄え」を創出していくことになります。

でも、その様があからさまに見えると、観客はしらける。どこかに「本物の迫力」を意識させるエッセンスを入れる必要がある。これをちゃんと感じさせるようにできるかが、演出家や役者の技量になるわけです。

つまり、エンターテイメント性とリアルファイトの迫力を混ぜ合わせて、リアルファイト以上に迫力ある映像に仕上げる。これがプロレスと殺陣の共通点ということになります。

なので、時代劇に慣れていない方は殺陣をとりあえずプロレスとして観てみると楽しいのではないかと思います。

## 対戦カードの魅力

では、「プロレスとして殺陣を楽しむ」とは具体的にどういうことなのか、解説しますね。

まずは「対戦カードを知った時のワクワク感」。

プロレスで一番大事なのはそこです。試合カードが発表されたときに、「このレスラーとこのレスラーが戦うのか。どういう試合になるのだろう」ということを想像します。どう戦うのか、どちらが勝つのか、負けた方はどうなるのか、その後の物語はどうなっていくのだろうか――そうしたことを想像する楽しさがある。

しかも、その対戦に至るまでに何らかの物語が用意されていますので、そもそもの発表段階で「おおっ、来たか！」という盛り上がりがあります。

時代劇も同じです。

たとえば予告編やポスターなどを見た時の「おっ、この人とこの人が戦うのか！」という期待。そして実際に観始めて展開を追いながらの「この二人が戦うの？」「え、どっちが勝つの？」「主人公、負けるんじゃないの？」というワクワク感。それが主役級同士の戦い、大物俳優同士の戦い、あるいは、とんでもなく強大な悪役との戦いだとさらに盛り上がります。

有名な剣豪同士の決闘はまさにそれですね。たとえば宮本武蔵と佐々木小次郎。この二人は巌流島でいずれ戦うわけですが、物語ではそこに行きつくまでいろいろ双方の物語を引っ張って盛り上げていきます。観客の期待感を煽《あお》るだけ煽り、巌流島のクライマックスを迎える。そして、二人が向き合った時にそのワクワク感は頂点に達する。

それから、必殺技です。レスラーにはそれぞれ必殺技があり、これを食らうと勝敗は決します。そこにいかに持っていくか、あるいは出させないようにするか。その攻防が緊迫感を生みます。

たとえばスタン・ハンセンというレスラーは左腕のラリアットが得意なわけですよ。これを食らえば誰でも負ける。そうさせないために相手のレスラーはとにかく左腕に攻撃を加えるわけです。左腕を徹底して痛めてラリアットを出させないようにする。

それは殺陣も同じです。佐々木小次郎には「燕返《つばめがえ》し」という絶対無敵の必殺技がある。これを出されると、さすがの武蔵も勝てない。これにどう勝つか――。

あるいは、主人公が対策を講じられるケースも。座頭市には必殺の居合斬りがあります。これを出させないため、敵はさまざまな仕掛けを凝らしてくる。目が見えない座頭市は聴覚や近づいてきた相手の気配で間合いを測ります。そこで敵は太鼓を叩《たた》いて聴覚を妨害したり、松明《たいまつ》で取り囲んで気配を感じさせなくしたりして間合いを分からなくする。このピンチを、座頭市はどう切り抜けていくか――。

そんな感じで観る側のワクワクを作っているわけです。

そして戦いが終わったあとは、爽快感《そうかいかん》や高揚感で終わるのか、寂寥感《せきりょうかん》で終わるのか。強くて悪い奴に勝ってめでたしという場合もあるし、斬りたくないヤツを斬ってしまったとか、勝ったけど自分もボロボロになっている――とかいう場合もあります。

**『座頭市千両首』の兄弟対決！**

では、プロレスとして見ると面白い決闘が繰り広げられる時代劇を二本ほど紹介します。

一本目は、一九六四年の『座頭市千両首』です。勝新太郎の当たり役シリーズの第六作です。先にも述べましたが、このシリーズはまあ良いプロレスをやっている。つまり、エンターテイメントとしていろいろな工夫を凝らしているし、迫力もある。

中でも、この作品での決闘は圧巻です。まず、対戦カードがワクワクする。相手役を演じるのは若山富三郎――勝新太郎の実際のお兄さんなんです。

このお兄さんが見事な剣豪役者で、弟より身体能力も高いし、顔も怖いし、強そうに見える。この実際の兄弟対決があるというのが、この映画の大きな看板なわけです。

しかも、双方に分かりやすい必殺技がある。

座頭市の必殺技は居合。相手が近づいたところに、カウンターで斬るという剣です。だから座頭市と戦う時、自ら近づいていったらまず勝てない。

これに対して、悪役の若山富三郎はどうするか――近づかない戦い方をする。馬上から鞭《むち》を振るうんです。距離があっては座頭市は反撃ができない。だから、ひたすら鞭で馬の上からボッコボコにされる。座頭市は、これに対してどう反撃するのかが決闘の重要なポイントになります。

しかも、二人ともスタントなしで命がけで撮っていますから迫力が生々しい。勝新は鞭で両手を縛られて馬に引きずられますし、座頭市が逆転技を放つと馬上の若山富三郎は地面に頭から落ちる。それをワンカットでやっている。
まさに、究極のプロレスといえます。

## 『魔界転生』の師弟対決！

『魔界転生』も凄いです。一九八一年、深作欣二監督の映画。魔界から剣豪たちが蘇《よみがえ》り、柳生十兵衛と戦っていくという物語です。プロレスでいうと、本来なら対戦があり得ないはずのレジェンド・オールスターたちが全盛期以上の力をもって蘇り、現役最強レスラーと戦う――というような構図です。

ここでは、千葉真一の演じる十兵衛が宮本武蔵（緒形拳）と戦ったり、宝蔵院胤舜《いんしゅん》（室田《むろた》日出男《ひでお》）と戦ったり、天草四郎《あまくさしろう》（沢田研二《さわだけんじ》）と戦ったり――役柄同士としても役者同士としても、すべてがワクワクする好カードになっています。中でも凄いのは――ここでもｖｓ若山富三郎になります。若山が演じるのは十兵衛の父・柳生但馬守宗矩。息子と一度剣を交えて本気の戦いをしたいという未練のために魔界から蘇ってくるという設定です。

この対戦カード、役柄としては剣豪の親子対決であると同時に、役者としても師弟対決だったりします。千葉真一は若山富三郎から殺陣を教わっていたので。新旧アクションの名手の対決でもあり、映画の中では剣豪同士の戦いであり、しかも父子で師弟。ワクワク要素満載の、最高の対戦カードですよね。

さらに、この戦いのためにお互いが必殺技を身に付けてきた。

柳生但馬は、自分より剣の実力で勝る十兵衛に勝つために、わざわざ魔界に魂を売って無敵の力を手に入れる。それに対し、十兵衛は「妖刀村正《ようとうむらまさ》」という「呪いの剣」を手に入れ、全身にお経を書いてその魔力に対峙《たいじ》する。

そして、本当にセットを燃やした紅蓮《ぐれん》の炎の中で両雄は向き合います。なにせ同じ流派なので、刀の構えからタイミングまで、全てが同じなんです。双方の互角感が映像から伝わってくる。魔界の者だから炎の中でもまばたき一つしない若山の役作りも合わせて、とにかくド迫力の決闘になっています。

# 第二章　ラブシーンとしての決闘

## 決闘はラブシーンだ！

ここまでの話だけですと、決闘は血なまぐさい感じがするから苦手という方もいるかもしれません。でも、それだけではないのです。人間ドラマの表現として、とてもロマンチックな場でもあります。

決闘で戦う男同士の関係性は時として「ブロマンス」だと言い切れます。ブロマンス、つまり、友情以上の感情の強さをお互いが抱いているという状況です。

決闘というのは、命のやりとりを直接する極限状況にお互いの身を置くわけです。それは双方が認め合っているからこそ成り立つことでもあります。お互いに「こいつにならば斬られてもいい」「こいつを斬りたい」という感情を持っている。ただのザコや、さほど関係のないヤツとは決闘なんかしたくないんです。そういうのは無視するかアッサリ斬って終わりか、ですから。決闘をする相手であるということは、双方にとって特別な存在なのです。

刀でしか生きられない者たちなので、自分と互角、あるいは強そうな相手を見たら刃《やいば》を合わさずにはいられない。それはすなわち、刀と刀を通じたお互いの感情の確かめ合いとも言える。そうなるともう、ラブシーンにしか見えてこないんですよ。

よく「十分に発達した科学技術は、魔法と見分けがつかない」という言葉がありますが、「十分に表現された決闘はラブシーンと見分けがつかない」ということでもあります。

決闘シーンを盛り上げるためには、双方の関係性やそこに至る互いの心理描写を濃密に描く必要があります。そして、それを濃密にすればするほど互いの想いが強く映し出され、もうラブシーンにしか見えてこない。そして剣に生きる者同士だから、最終的にその感情を確かめ合う手段は刀しかない。そして、斬りたくない者を斬らざるをえないドラマ性の中で、シーンは最高潮を迎えます。

「何を寝ぼけたこと言ってるんだ！」とお怒りになる方もいるかもしれないので、ここで二つほど具体例を出します。

『椿三十郎』

三船敏郎扮《ふん》する椿三十郎ｖｓ仲代達矢扮する室戸《むろと》半兵衛《はんべえ》。二大スターの決闘です。プロレスのカードとしても完璧です。

ある藩で、体制側が腐っているところを若手藩士たちが改革しようとします。改革の若手側の用心棒に椿三十郎がいて、体制側の用心棒に半兵衛がいる。どちらも雇われ者、傭兵《ようへい》をしているわけです。

そして体制側を倒すために、三十郎は立場を偽って体制側に潜入して味方のふりをする。そうすると、いままで体制側でただ一人の雇われ用心棒だった半兵衛からすれば、同じ立場の人間が来てくれたと思って、嬉《うれ》しくて心を開くわけです。でも、半兵衛も含めて椿三十郎は騙《だま》している。辛《つら》いなと思いながらも、勝つためにはそうせざるを得ない。最終的には体制側が椿三十郎の策によって負ける。めでたし、めでたし——と思いきや、解決していない物語がもう一つあるんですよ。

半兵衛が生き残っているわけです。そして、騙されていたこと、騙していた相手に心を開いてしまったことへの憤りもあり、もう三十郎と戦わずにはいられない。

三十郎「どうしてもやるのか？」
半兵衛「やる。貴様みたいにひどいヤツはいない。人をコケにしやがって」

決闘に入る前の台詞《せりふ》のやりとりを書き写しましたが、文字だけみるとほぼカップル同士の痴話喧嘩《げんか》に思えてきます。そして、ここから剣豪だからこその「業《ごう》」が出てきます。

三十郎「まあ、そう怒るな。仕方なかったんだ。俺は貴様に一目置いていたんだぜ。だから……」
半兵衛「いまさら何を言いやがる。抜け！」
三十郎「俺は抜きたくねえ。抜けば死ぬだけだ。つまらねえぜ」
半兵衛「それもよかろう。このままじゃ、俺の血がおさまらん」
三十郎「じゃあ、やろう」

この「じゃあ、やろう」で戦いが始まります。そのあと、周りで見ている若者たちに、「手出しするな。たとえば、俺が負けたとしても、半兵衛を絶対に斬ってはならない。逃がしてやれ」と言うんです。そして二人は対峙《たいじ》して見つめ合う。たぶん二十秒ぐらい見つめ合っている。もうここからは二人だけの世界です。

最終的に三十郎が勝ちますが、このシーンでの黒澤明の演出が素晴らしいのは、勝った三十郎の顔を撮っていないんですよ。斬られた半兵衛の顔だけを撮って、半兵衛が死んで、血だまりに倒れていくところをカメラは追っている。斬った三十郎はその背中だけが映る。

この寂寥感《せきりょうかん》の演出がまた素晴らしい。斬りたくない者を斬ってしまった切なさが、三船の背中から伝わってきます。

## 『座頭市物語』のロミオとジュリエット

この手の、「ロミオとジュリエット」的な関係性——お互い愛し合っているけれども、上の組織同士が揉《も》めているために戦わざるを得ないという設定——は時代劇には結構あります。中でも素晴らしいのは『座頭市物語』。人気シリーズの第一作です。

房総《ぼうそう》で二つのヤクザ組織が揉めている。片方に、天知茂扮する平手造酒《ひらてみき》という用心棒がいる。もう片方に座頭市がやってきて用心棒的に入る。この二つの組織は、歴史上、実際に大きな戦いをしているので、見ているお客さんからすると、両者はいずれ戦うだろうとわかっているのが前提にあります。

そうした中でこの二人は友情を育《はぐく》んでいきます。座頭市は目が見えないから、用心棒で入っているけれども差別されているんですよ。天知茂の平手造酒も、肺を病んでいてずっと咳《せき》込《こ》んでいるので、邪魔者扱いされていて、一人で荒れ寺に住んでいる。つまり、孤独な者同士。その二人がある沼で釣りをしながら出会う。そしてお互いのことは何も言わないけれども、おそらくいずれ戦うことになるんだろうと思いながら友情を育んでいくんですよ。

そして、その二人が遂に戦いの場面になるわけです。二つの組織の決戦が始まり、二人もそこに参加する。平手造酒は、もうすぐ自分が死ぬことがわかっている。病魔にやられるぐらいなら、剣客として死にたいと、死に場所を探している。

そして乱戦の中で二人は出くわします。平手造酒が座頭市を見たときの表情がいいんです。「おお、座頭市」というときの表情が、デートで相手を待っていた乙女の顔なんですよ。

実際に「貴公を待っておったぞ」と言うと、「旦那《だんな》、病気なのに、こんなことをしていいんですか」と座頭市は心配するんです。でも「余計なことを言うな」と取り合わない。どうしても戦いたくない座頭市は「バカな話じゃございませんか」と言うんですが、「要らぬ世話だ、来い」と強引に決闘の場に連れていかれる。

そのときの口説き文句が、「死に土産に、座頭市と真剣勝負がしたい。貴公もワシの太刀筋を見たくはないか」と。

「見たくはないか」と言っても、座頭市は見えないんですよ。だけど、「見たくはないか」と。つまり「俺の剣を身体で感じてみないか」というわけですよ。座頭市も剣の道に生きる者ですからね。そう言われると引き下がれない。

それで「やるからには引けませんよ」と言うと、「よし」と言って二人で戦いの場である橋の上で対峙します。

そこで、『椿三十郎』と同じ台詞が出てくるんですよ。座頭市は「手出しするなよ」と周りのヤクザたちに言う。これも「二人だけの世界」なんですよ。絶対に余人が入り込んではならない。

最終的に、平手造酒は座頭市の手で斬られます。そのとき、座頭市の肩に平手造酒の顔がもたれかかってくるんですよ。これが完全にもう、後ろから抱き締めているようにしか見えない。そのときの平手造酒の安らかな顔と、座頭市の悲しそうな顔。後ろから抱き着く恰好《かっこう》になっていることで、双方の表情が見える。

最後、座頭市は平手造酒を抱き締めるようにして、そっと寝かせてあげるんですよ。これもう、ラブストーリーでよくある、恋人が病気で死んだときに悲しそうに抱きかかえるシーンにしか見えない。

斬っているときも、お互いの顔に充実感がある。本当にわかっている者同士が斬り合っている。だから、観ているこちらも嬉しい側面もあるわけです。「よかったな。遂に人生の充実感を得られて」と。でもそのエクスタシーの向こうにあるのは死。決闘ですから、最後はどちらかが死なないといけない。だから、時代劇の決闘というのは切ないラブストーリーとして成り立っているといえるわけです。

決闘とか、チャンバラとか、殺伐として苦手だという人もいると思います。でも、こういう接し方をしてみると、ロマンチックなドラマとして楽しめるのではないでしょうか。

# 第三章　殺陣の入口としての『ガンダム』

## ガンダムは殺陣の入口に最適！

では、時代劇に馴染《なじ》んでいない方が殺陣《たて》の楽しみ方を知る入口として、最適な作品は何かといいますと――『機動戦士ガンダム』です。そう、ロボットアニメです。

この本の最初でも述べましたが、実は私、子供の頃にガンダムを観て殺陣、つまりチャンバラの魅力を知り、そこから時代劇にハマっていったというのがあります。ですので、ぜひ時代劇初心者の方にも試していただきたいのです。

では、なぜ最適なのか。そのことを説明していきます。

まず、ガンダムとはなんぞやという話からしていきましょう。

一九七九年から始まったＳＦテレビアニメシリーズで、その後、「ガンプラ」というプラモデルの人気が出て、新たに劇場版三部作を作り、人気を決定的なものにした作品です。

それまで子供向けと思われていたロボットアニメを大人にも観られるものにしようという

ことで、メカを兵器として扱った。ロボットという言葉を使わず、モビルスーツという言葉に置き換えたり、敵側もただの悪役ではなく、善悪の構図ではない「戦争」として双方の視点を描いたり、人間ドラマとしても複雑なものになっています。

これを監督したのが富野由悠季《とみのよしゆき》です。この人は数々のＳＦロボットアニメを作り上げてい った方なんですけれども、実は演出した殺陣が素晴らしい。特に『ガンダム』シリーズにおいて。

ガンダムにはビームサーベルという武器がでてくるんですが、これを使ってチャンバラするわけですね。敵はジオン軍というんですけれど、ジオンにもいろいろな武器を使うモビルスーツが出てきます。たとえば、ザクは斧《おの》です。グフは鞭《むち》と剣。それからゲルググにいたっては、薙刀《なぎなた》を使ってくる。それと、ガンダムビームサーベルとの戦いが毎回繰り広げられるので、これは殺陣なのです。

しかも、その演出が「ロボット同士のアクション」ではなく「剣豪同士の決闘」にしか見えない撮り方をしている。

なので、時代劇に不慣れな人でも殺陣＝チャンバラの入口に向いているのではと思いました。なにせ子供の頃の私がそうだったわけですから。

## 静と動と間

まず、「殺陣とはなに」か、という話をしようと思います。時代劇におけるアクションシーンを全体的に「殺陣」といいます。特に刀を使ったアクションシーンです。これが一般的には「チャンバラ」と言われています。（その語源は気にしないでください。）

では、「良い殺陣」とはどのようなものなのでしょう。

殺陣で表現するもの、それは剣が交わる際のアクションシーンとしての迫力です。危険なので本物の剣はまず使いません。模造の刀を使って実際に殺し合わずに、いかにして本当に殺し合いをしているかのような迫力を表現していくかが重要です。

具体的に何を表現するかというと、まず敵と主人公が一対一で向き合いますよね。その時の緊張感。そして、刀を抜く、構える――その動きや構えのカッコよさ、放たれる殺気。そして斬り合いが始まると、刀の重さや、命のやりとりの緊迫感。それからアクションシーンですから、速さとか、激しさも大事になってきます。エンターテイメントですから、見栄えのカッコよさも必要です。そういったことをトータルで表現する。

そして、斬られた側の「痛い」というリアクション。斬った側は爽快感《そうかいかん》なのか、あるいは悲しさなのか、斬った後の姿で表現していく。そして斬り終えた後の姿も、画《え》としてカッコよくなくてはいけないいんですよね。そして、刀をおさめるときにふっと息をついて、お客さんに終わったと思わせると同時に、その時に去来する感情を伝えることも必要です。

そして、これらを迫力をもって伝えるために必要な演出・演技は、「静・動・間」という三つの要素で成り立っています。その三つにさまざまな技を組み合わせながら作っていく。なぜ、静・動・間が必要かというと——ただ激しく動けばいいわけではないんですね。激しければ激しいほど、見ている側が飽きてくるんです。感覚が麻痺《まひ》してしまうから。野球で投手が速いボールをずっと投げていると、打者は慣れて打ち返しやすくなることがあります。だから、カーブとか遅い球、変化球を入れて目先を変えていく。

時代劇も同じで、緩急があるので見ている側も飽きなくなる。そして刀をふるスピードも速く感じる。タタタタタタ、ピタッ、バシッバシッバシッ、ピタッ——と動の間に静を入れることで、動の部分がより速く感じるんです。最近の役者さんは身体能力が高くて実際には動きはかなり速いはずなんですが、昔の時代劇役者の方が速く感じるのは、その辺の緩急の表現が今はできなくなってきているからというのが大きいです。

もう一つ大事なのは重心です。刀を構えたときの、人間の体の重心がどこにあるか。端的にいうと腰の位置です。これが高いと、刀を構えても斬っても「様」にならない。

重心が高いと、弱そうに見えるんです。膝《ひざ》を曲げて、腰を落とした状態——低い重心から斬ることで、強そうに、速く重く見える。それでいて滑らかにその動きを表現する。腰が高かったり、少しでもたどたどしかったりしたら、もうダメなんです。剣豪には見えず、弱そうに見える。強そうに見せた上で、そこに画としての美しさも必要。リアルなだけじゃだめなんです。美しくなければ。

### vsグフの見事な殺陣

では、そうした殺陣がちゃんと見られる作品は何か、できている役者は誰か——という話になります。先に挙げたスター30の面々は、みんなできていますし、彼らの出ている作品ではいずれも味わえます。でも、その前に。

時代劇初心者の方には、まず『ガンダム』を観て「チャンバラの面白さ」に触れてほしいと思います。『ガンダム』——富野由悠季監督が携わった作品に関してのみに限定されますが——は、ここが実によくできている。ロボットであるにもかかわらず、剣豪としての動きをしているんです。

例として劇場版二作目『哀・戦士編』を挙げます。

そこに登場するランバ・ラルというジオンの軍人が乗るモビルスーツ＝グフと、主人公アムロ・レイの乗るガンダム。この二体が砂漠で一騎打ちをするシーンがあります。これが完全に剣豪同士の決闘でした。

私の書いた『泥沼スクリーン』という本で詳しく描写しましたので、それを引用してみますね。

「(以下引用) 砂漠を舞台に両雄は対峙する。ガンダムは楯に身を隠しながら斬りかかる。悠然と下段に構えるグフは、居合斬りで迎え撃つ。その剣は楯を真二つにするも、ガンダムは視界から消える。次の瞬間、上空から斬りかかるガンダム。剣はグフの腹部を斬り裂いた。が、グフもすかさずガンダムの機体を突き刺す。そこから互いに剣を構え直すと、グフの胴斬りが一閃。かわしたガンダムは、カウンターで下段からグフの小手を斬り上げる」

読んでいただくとおわかりいただけると思いますが、時代劇の立ち回りの描写となんら変わりないんです。これ、たとえばガンダムを柳生十兵衛、グフを荒木又右衛門にでも置き換えてみてください。見事に成り立っていますから。

そして、ここには「静・動・間」が見事に組み込まれているのもお分かりいただけると思います。

そして何より素晴らしいのは、このシーンのガンダムとグフは重心が低い。

それって、よく考えると変なんですよ。このシーンをプラモデル同士で再現している動画があるんですよ。ところがこれ、きちんと再現できていないんです。膝が固いんです。当たり前です、機械ですから。機械だから本来は膝が固いんです。

でも、アニメは画だから、本当は機械ならできないはずの膝関節のやわらかさを描いていて、人間の動きで戦っているんです。

「いい殺陣」というのは、前足の膝がつま先より前に出ています。それによって重心が下がり、見栄えがします。膝が固いと重心は高い。前傾姿勢は膝によってとれますから。これって、プラモデルではできない。画だからできるんです。

アニメ特撮研究家の氷川竜介《ひかわりゅうすけ》さんがかつてＮＨＫの『ＢＳアニメ夜話』という番組で解説をされていましたが、ガンダムは機械なら本来感じることのない刀の重さ、機械なら本来必要ではないポーズ、機械なら本来できない動きの滑らかさ、関節の可動域を表現している、ということでした。その解説を聞いて、気づいたんですよね。演出として、あえてガンダムを人間的に表現して剣豪に見せていると。

逆にいうと、富野監督が「殺陣の迫力ある見せ方」を熟知しているということでもあるわけです。

## 時代劇を知る男、富野由悠季

では、富野監督は殺陣をどう演出していたのか。

ちょうどタイミングのいいことに、この執筆中に「富野由悠季の世界」という展覧会をやっていまして。さまざまな設定資料とともに監督が実際に演出で使われた絵コンテが大量に展示されていました。絵コンテというのは、各カットごとの演出プランをスタッフに伝えるために絵で描かれた指示書のようなものです。

富野監督の絵コンテを見ていると、時代劇研究家としては涎《よだれ》が出るくらいに、殺陣への並々ならぬ愛情が伝わってくるんです。富野監督の絵コンテは指示が細かいのですが、特に殺陣についての指示が細かく出ている。

殺陣はアクションシーンなので、さまざまな動きを表現するわけですが、その動きを一つ一つ富野監督が描き、そして時には文字にして指示を出しています。

たとえばガンダムが初めての戦闘でザクを倒す場面。逃げるザクを追うガンダム。走りながら刀を抜き、この刀を抜くところで、刀がアップになる。そしてザクに背後から斬り掛かるところでガンダムは飛翔《ひしょう》するんですが、飛ぶところは絵コンテのコマを二つ使って大きく描いています。そのくらい力を入れて描いているんですね。そして、ザクを斬るところでは「ここで腰を斬っちゃう」と文字を入れている。本人がワクワクして描いている様子と、斬る場所を入念に指定しているところに並々ならぬ愛が伝わります。

あるいは劇場版三作目『めぐりあい宇宙《そら》編』での、ゲルググとガンダムの薙刀を使っての戦闘シーン。ゲルググは両側に刃のついた薙刀を頭上で回転させながら襲い掛かります。そうやって薙刀を回すのは昔からある殺陣の形です。薙刀という大きな武具を簡単に回すことができる様を見せることで、使い手の剛力ぶりを表現する見得の表現です。それをロボットであるゲルググにあえてやらせている。

でも、それだけではなくて。富野監督はその場面にわざわざ「回転する刃」と書いています。つまり、両側に刃のついた薙刀を高速で回転させることで、チェーンソーのような武器になっているわけです。つまり、ここでは見得だけでなく恐怖感も演出しています。

そして、ガンダムはこれをかわした後、カウンターでゲルググの右腕を斬ります。この場面、本編ではガンダムは忍者のように両足をそろえてひょいっと上に飛んで薙刀をかわしています。絵コンテでは膝を曲げている。そして、膝を曲げたまま相手の右腕を斬っています。

膝を曲げる方が重心の表現ができるわけですよね。地面に対して軸足を作って、そこを支点にして斬るために膝を曲げる必要がある。でもこれ、宇宙空間だから地面がないんです。だから膝を曲げても意味がないし、曲げる必要はない。なぜそれをやる必要があるかというと、画として重心とか重みが伝わるから。そのために、あえて嘘をついているんです。リアルに表現しても、観客に迫力が伝わらなければ意味がないので。

ちなみに、薙刀をふり回して斬りかかる攻撃を、上にひょいと飛んでかわす――という型は五条大橋での牛若丸と弁慶の決闘がモチーフになっていると思われます。

## リーチが長くなる

劇場用オリジナル映画として作られた『逆襲のシャア』（一九八八年）という作品があります。ここでは、主人公のアムロが乗るνガンダム《ニュー》とライバルのシャアが乗るサザビーの一騎打ちシーンがあります。

その際、サザビーがνガンダムに対して突きを入れてくるカットがあるのですが、ここの絵コンテでの富野監督の指示が興味深い。

「突きを入れるサザビー。ビームが伸びる。このリーチが長くなるというのが怖いですかね。剣道やってほしいなあ」

つまり、このシーンを作画するアニメーターに、この殺陣を表現するために「剣道をやってほしい」ということまで指示しているんですね。どれだけ殺陣にこだわりがあるのか、よく伝わります。

それからもう一つ重要なのは、「ビームが伸びる」「リーチが長くなる」という指示。実はこれも重心の話になってきます。

刀を抜く際、重心を低くするために前足の膝をぎりぎりまで曲げていく。そうすると、後ろの足は直線的に伸びる。ぎりぎりまで前足の膝が曲がり、ぎりぎりまで後ろ足が伸びると、重心というのは物凄《ものすご》く低くなるんですね。そうなった状態で刀を抜いて斬ると、刀は最も遠くまで届きます。これが、観ている側にはリーチが長くなって刀の切っ先が伸びているように見える。これが最高にカッコいいし迫力の伝わる殺陣なのです。スターでいうと、鞍馬天狗を当たり役とした嵐寛寿郎が得意としていました。

このコンテの指示を見ると、富野監督がそのあたりもきちんと熟知した上で殺陣の演出をしていることがよく分かります。

『逆襲のシャア』の殺陣には、もう一つ特筆すべき場面があります。

それは終盤でのνガンダムとサザビーの決闘。サザビーの猛攻を受け、νガンダムは劣勢に立たされます。この時、νガンダムは刀を下段に構えます。この構えが宮本武蔵みたいで実に剣豪的なカッコよさにあふれているのですが、それだけではありません。νガンダムは下段に構えたまま後ずさりをします。そしてサザビーが勢いに乗って攻め寄せてきたところに、カウンターで居合斬りを放ち形勢を逆転させています。

この場面、何が凄いかというと、人間にはできない動きをさせているのです。刀を下段に構え、重心を落とし、その姿勢のまま重心を低く保って後退するという動き、人間にはまずできません。つまり、ここで富野監督は「下段の構え」という人間だからこその身体性と重心を表現した上で、さらに同時に人間にはできない動きをさせている。そこまで凝ったアイデアで殺陣を作る監督はおそらく実写も含めて現役には富野監督以外にいません。

富野監督がいかに殺陣の演出を熟知し、その上でさまざまなアイデアを凝らしてきたかを解説しました。これで、「殺陣の魅力を知るにはまずガンダムから」という提案が奇をてらったものでも、現代におもねったものでもないことがお分かりいただけたのではないでしょうか。

## 《特別インタビュー：富野由悠季監督が語るチャンバラ演出の極意》

　では、実際に富野監督はどのような意識でガンダムの殺陣を演出されていたのか——今回、ご本人にその点についてインタビューさせていただきました。最後に、特典としてその模様を掲載して締めさせていただきます。

「入門」編には似つかわしくないような高度な技術論になっている部分もありますが、「時代劇の見方」「殺陣の見方」を知る上でもとても重要な視点になっていると思います。


**【富野監督への依頼書】**


時代劇を中心に映画史を研究している春日太一と申します。

富野監督による『機動戦士ガンダム』におけるモビルスーツのビームサーベルを使用した戦闘シーン（殺陣）を拝見していますと、時代劇の殺陣を彷彿《ほうふつ》とさせる場面が数多く見受けられます。

構え、重心、斬る動作、残心、間の使い方……いずれも機械ではなく、剣豪同士のそれに近いものを感じるのです。

そして、こうした演出は逆に実写の時代劇から失われつつあり、作る側も観る側も分からない人が増えてきました。
つきましては今回、殺陣のなんたるかを若い世代に知ってもらうべく、富野監督にその演出論をうかがいたく取材を申し込ませていただきました。

・殺陣を演出する上で時代劇の影響や意識はあったか
・殺陣シーンを演出する上で心がけていること
・機械なのに人間的な動きや構えになっているのはなぜ？
・重心、間の表現について
・アイデアはどのように発想されているのか？

……など、伺えましたら幸いです。

【インタビュー本編】

**春日**　よろしくお願いします。
**富野**　いや、こちらのほうがむしろお聞きしたいことがあって、映画史の研究をなさっているのなら、映画に表れている殺陣の問題というのはおわかりのはずなのに、なぜ僕みたいな素人に聞きに来たのかなと思っています。

春日さんがお聞きになりたいことは読みました。でも、その文面上の書き方はわかるけれども、わからないのは、あなたが聞こうとしていることは特別なことではないのに、なぜ聞きに来たのでしょう。

**春日**　まさにそこの部分なんです。富野監督の中では、そこは特別なものではないという意識だと思われますが、私自身は時代劇の現場を取材したり、作品を追っていく中で、かつて特別ではないと思われていたことが、いま特別になっていると気づいたんです。そこの問題意識がすごくあるので、それをちゃんと言葉として伝えておかないと、いまの演出家や役者が――あるいは、見る側もそうですね――本当に特別なことになってしまう。

そういう状況の中でそこの部分の演出が現在最もできているのが富野監督だと思い、まさにその「特別ではないこと」をいかにして演出されてきたのかを伺いたいのです。

**富野**　そういう視点となると、僕の立場ではますます答えられないなぁ。というのは、およそ映画を見ていないんですよ。最近の時代劇なんて、特に。

**春日**　もちろん現在の時代劇のことを伺いたいわけでは――

**富野**　作品の表れ方として知らないということが、まず基本にあるのはお分かりいただきたい。最近それが気になったのは、「殺陣がリアルだ」と言われている映画。『散り椿』を見ようと思いながら、結局見損なっています。映画評を読んでみて「ああ、やっぱりそういうことね」とわかっちゃうと、見たくないなという部分もあるんです。

どういうことかというと、映画でリアリズムを追求したってダメなんだよ。リアルにやるときって、その殺陣の部分だけが、尺としては短くても変に際立っちゃって、「えっ、何なの？」という見え方をしているんじゃないのかなという気がした。

実は、そのように思えた瞬間もあって――予告編は劇場で見ちゃったんですよ。「あっ、これを本番でやるのね」と。監督のこだわりはわかるけれども、それだと映画になっていないよねというところに、ドンと行っちゃうんです、僕は。

**春日**　まさに、そこの部分を伺いたかったんですよ。私は『散り椿』を見まして、監督と同じような意見を持ちまして……

**富野**　僕は見ていないんですよ。

**春日**　監督が予告編で恐らく感じられた嫌な予感が、本編にもそのまま表れています。

**富野**　まあ、そうでしょうね。それはわかります。

**春日**　殺陣というのは、本当の強さではなくて、どれだけ強そうに見せるかが大事だと思うんです。

**富野**　そうですよ。

**春日**　つまり、刀の重みであったり、あるいは、ケレンであったり、体の重心であったり、そういうことの一つ一つを劇として表現することが大事だけれども、『散り椿』の殺陣は実際の武術に近いものになっていました。

**富野**　いやあ、その意見も——ほんとにごめんなさい、ろくに知らないんだけど——僕は、武術の部分でも突き当たるようなことはありました。もう二十年ぐらい前になりますが、久しぶりに竹刀を振りたくなって、高校時代から使っている竹刀がダメになっちゃったので、石神井《しゃくじい》にあるお店で竹刀を仕立ててもらいながら、「へえ〜、やっぱり、そういうことなのか」という話を聞きました。

剣道の全日本選手権の最後の試合をNHKで見たときの話で、「何か気になるんだよね。妙に速くて、スポーツ化し過ぎていますね」と言ったんです。するとお店の人は「いま仕立てているこの竹刀は、注文どおり、昔のままです。いまの竹刀は、この半分ぐらい軽いですよ」と言うのです。

とにかく速く、なんですよね。「当てる形さえ取れれば一本になるので、もうスポーツもいいところで、剣道じゃないんですよ」と言われた。

それから、十年ぐらい前に、人殺し、もしくは「暴力的に勝つ」上での究極の技というのはどういうことかを聞いたとき、「こちらの技が相手に見えたら最後だ」と。見えないようにやるということを、達人の方がおっしゃっているのを聞きました。「井桁《いげた》崩しの型」というのがあって、仕掛けが見えないという。だって、見えたらもう防御の準備をされるから。

**春日**　そうですね。

**富野**　体の入り方が見えただけで、防御されちゃうんですよ。だから、どのように相手に見えないようにやるかということで「井桁崩し」というのがあると。

実際に見たら、なるほど、見えない。格闘技や人殺しにいくまでということで言ったら、それをやっていなければ相手なんて殺せない。というので、「それをアニメでやりたいんだけど」と言ったときに、「そんなことやっていたら、アニメとか映画になりませんよ。芝居になりませんよ」って。それもそうなんだよね。

つまり、この二十年ぐらいで知ったことは、この二つだけ。これが、僕にとっての格闘技の知恵なんですよ。

## 基本は武闘ではなく舞踏

**富野**　そのうえで、今度はアニメという部分で、演劇としての殺陣を考えてきているわけです。僕の年代で言えば、子供の頃からプログラムピクチャーとしての東映時代劇――子供向けのやつがいっぱいあって、イヤでも見せられた。僕はとにかく子供だましで嫌いだと、絶対見なかった。

「絶対見なかった」といっても、結局、「絶対見ない」ためには、知っていなくちゃならないわけだから、二〜三本は見ているわけです。それで、「ああ、やっぱりこういうことなんだよね」と。殺陣のありようとか、時代性というのも当然あるわけです。

映画をモノクロで撮っている時代、それから、カラーになって、さらに、シネスコで撮っている時代ということでの、殺陣のありようというのは、結局、全て演劇的にやっている。

根本的なことはどういうことかというと、踊りなんだよね。要するに、日舞を延長したものだと考えていかないと、殺陣の形というのは作れない。ああ、納得。

僕にとって子供向けの時代劇で許せなかったのは、「こうまでチャンチャンバラバラやっていて、人なんて斬ったり殺したりできるもんじゃない」というのがイヤで見なくなったんだけれども、一方で演劇論、舞台として考えると、これでいいんだよねと思える。やっぱり型がいるわけ、様式があるわけです。

殺陣は舞踊という部分と基本的に繋《つな》がっているものである。それがまず一つ目。

その次に、今度はリアリズムということ。特に黒澤《くろさわ》が『七人の侍』——というより、『用心棒』のほうが多いですね。本身の刀をもし相手が抜いたときに、『用心棒』の冒頭シーンであったように間合いに絶対に踏み込めない。素人は踏み込めないものなんです。

　少しぐらい剣道、剣術をやっていたからといって、踏み込めないというのがよくわかる。というのは、あの映画を見ていた頃に、僕は一度だけ、知人に日本刀を持っている人がいたので、見せてもらったことがあるんです。本身の重さと怖さ。刃がきれいであればあるほど、これでやられたら、痛いなんてもんじゃないよねと実感できた。

　どんなチャチな日本刀でも、あれだけの長い——刺身包丁のでかいやつですよね。刺身包丁の三倍ぐらい重くて、頑丈そうなものを持って「てめえ！」と言われたら、絶対に腰が引けて何もできない。一撃でも躱《かわ》すことができたら、それはもう僥倖《ぎょうこう》で、一撃躱したら、絶対に相手を傷つけられるから、こっちの勝ちというのが、チャンバラの基本だろうと思ったわけ。

　それを、他人に見せるような形にするなら、それはもう舞踊にしかならない。

　そういう理解を基本的にしている人間ですから、ご質問にあるとおりで、なぜあれができるかとなれば、この程度のことを考えていれば、そういう形を取ります。演劇論で殺陣を考えています。基本は「武闘」じゃないんですよ。

**春日**　舞踊として殺陣を表現する際、意識されるところはどこですか？

**富野**　舞を舞うときに一番大事なことは、腰の位置なんです。足の位置とか、手の形というのはあとからついてくるもので、腰がどれだけ据わっているかということで、踊りというものの型が取れる。

大学時代、隣に演劇部があったこともあって、日舞の名手みたいな子もいたので、そういうものを見せてもらって教えられたということもあります。

## 身体性を表現する

**春日**　最近、ガンダムのプラモデルを使って、ガンダム対グフを再現しようとしている動画を見たのですが、アニメでの関節の動きが再現できないんですよね。つまり、ガンダムは機械なわけですが、富野監督はアニメではかなり人間的な――剣豪の動きに近いものを表現しようとしたのではと思ったのです。

**富野**　それも演劇論で考えているから。僕みたいな人間でさえ、ああいうデザインのものを見せられて、「冗談じゃねぇ、こんなもので動かせるわけはないから、できない」と却下するのではなくて、みんな人間のポーズを取らせます。アニメーターは、四角の組み合わせであるガンダムみたいなものを使って、平気であのポーズの絵を作ってしまう。そういう意味では、無神経なんです。

だけど、そこでひっくり返ることになる。我々はリアルロボットものを作っているわけじゃないんです。アニメを使って絵空事をやっているんです。絵空事の中で、なぜ人間と同じように動かしちゃいけないんですか、ということで、アニメーターはそれをやれるのです。結局、舞踊、見世物として、芸能として考えていったときには、あの身体性を表現しない限り、観客は絶対に見ないわけです。

観客は自分に似たもの以外に共感するということは、絶対にないんです。絶対ないのに、ホラー映画みたいなものがヒットするのはなぜか。自分にない異形のものは世の中にあるんだよね。そういうものも、時には見てみたいというフラストレーションがある。原点はみんな同じなんですよ。

だから、人型のロボットを動かすアニメを作るとなった瞬間から、要するに、アニメというチャチな芸能ジャンルであるからこそ、じゃあ、人型の巨大ロボットが機械的に動いているだけでよいのかというと、よくない。つまり、面白くしないといけない。そのためには演劇的でなければいけない。

ただ人間が人間らしく動いていればよいのではなくて、演劇というのは、とても重要なことがあって——未《いま》だに映画の興業主も忘れていることがありますが——演劇というのは、よい女優とか、よい男優が立たないといけないのではなくて、「話」がなければならない。話がなければ、子供でさえ見ません。エンターテインメントにならないんです。

だから、僕が実際にロボットアニメのシリーズのストーリーの決定権を握ったときは、とにかく話を作るということがなければいけないと考えました。一博士が、財産もないのに巨大ロボットを作れるわけがないというところから、その整合性を取るのにどうするかと考えたときに、ガンダム以前の作品でも裏設定は全部作りました。ある秘密の財閥が支援しているとか、ほんとに宇宙人がいて、超技術を持っているとか、背景を設定したうえでないと、巨大ロボットを登場させられなかったんです。

ガンダムのときには、もっとリアルにするためにはどうするかと考えれば、国家予算を使うしかないというので、戦争ものにしたんです。巨大ロボットを成立させるためには、戦場という舞台しかないんだよねというために、ガンダムの構図を作った。

だけど、いま言ったとおり、リアルな戦争ものにしようなどとは、毛ほども思っていなかったから、身体性を巨大ロボットにさえも要求したし、自分がキャラクターを作っていくうえでも、意識していました。

演劇的なものを提供するというのは、演出家やシナリオライターが、いま言ったぐらいのものをワサッと捉《とら》えていればよいだけのことですね。

## 刀が伸びてくる

**春日**　『逆襲のシャア』の絵コンテを拝見すると、富野監督は殺陣に関して本当に細かく考えられているんだなというのがよくわかります。

例えば、このサザビーの戦う場面で突きを入れる際、「リーチが長くなるのが怖い」ということを書かれていて、それで「ビームが伸びる」ように描いてほしいと指示を出していますす。

それで思い出したのが、嵐寛寿郎《あらしかんじゅうろう》の殺陣です。彼の殺陣は「刀が伸びる」ように映る。膝《ひざ》が沈み込んで重心が低いから、切っ先が伸びているように見えます。

それとこのサザビーへの富野監督の指示は通じてくる部分なのかなと思いました。

**富野**　通じてくるんじゃなくて、全く同一です。そして、事実、そうです。

受け手に立って一本入れられたときって、相手の竹刀が伸びて見えます。そのぐらい、やっぱり怖いです。だから、それが来ないように合わせないといけないし、よけなくちゃいけないけれども、そのための身体的な訓練というのは、それこそ全日本選手権に出てくるぐらいの身体性を持っていなければできません。

ただ、全日本の剣道が武闘なのかといったときに、それは武闘ではない。というのは、もう、人を斬るということは想定していないからです。

人を斬るということは、もうちょっと違う力技が必要なんですね。それについては、僕は人を斬ったことはないのでわかりませんが、人を斬るということを具体的に考えて書いた方、山本七平《やまもとしちへい》という人によると、ともかく、かすり傷ぐらいは、振り回していれば誰でもできるけれども、腕一本叩《たた》き切る力というのは、なまじのものではないらしいですね。つまり、一気に斬るとか、人が死ぬように致命傷を入れることができるレベルというのは、かなり重い力が必要であると総括しています。

生きている魚を捌《さば》くぐらいでは比較にならないけれども、生きている魚に刃を入れるのと、死んでいる魚に入れる力というのはちょっと違う。

まして、斬られたくないと思ってこっちに向かってくる、抵抗するか逃げるかする人間を斬るわけですよ。それを即死させるなんて、まず、普通では絶対できません。ということだけはわかりました。

そうなったときに一番リアリズムで考えるのは、明治維新前後の、多少真剣を振り回した新選組を含めて、ああいう時代の侍。武士道を信じているような人たちの人斬りというものは、殺人というよりも、もうちょっと面倒くさいもので、間違って殺すわけじゃない。むしろ周囲の人間にとっては安全だということはわかっています。人斬りは目標の人しか斬りません。間違ってほかの人を斬るということは絶対しないから、安心なんです。

逆に言うと、自分のところへ来た人斬りというのは、もう絶対に逃げるか、切り返すしかないという存在なんですよ。そのぐらい意志がガンと来ているものをはねのけることを想定することが、人斬りや殺陣の問題なのだと考えるんです。

## 百人斬るなら百通りの斬り方で

**春日**　富野監督の年代で演出をなさる方は、黒澤明に対してなんらかの意識を抱いていることが多いようです。富野監督はいかがでしたか？

**富野**　黒澤が東映のチャンバラ時代劇からどう脱却するかということが大使命になっていて、それは『七人の侍』でもやってはいるけれども、まだ形にはなっていなかった。形になっていなかったから、騎馬戦みたいなものを絡めることで、一対一のシーンを作ることをなるべく避けたなと感じています。

それから、チャンバラそのものは見せないで、結果だけを見せるようなやり方をしていますよね。

**春日**　そうですね。群集アクションにして、合戦的に描いている。

**富野**　そういう意味で、この監督は新しい方向性を模索しているなということは、『七人の侍』を見て思ったし、何より、予備知識がなくて『用心棒』を見たときには、見事だと思いました。

あれが、「リアルを見せる演劇論」であって、『用心棒』が本当の人斬りの方策なのかというと、ちょっと違うだろうなという気はしました。刃にかかってくる、相手の重みに対しての力関係。この感覚がないと、即死してくれないんですよ。

**春日**　そうですね。体重の重みがかからないと実際には斬れない。

**富野**　鎖骨を折るんですね。そんなの、素人にできるわけがない。

真剣というものの刃ざわりがわからないと、切れるということもわからない。これで斬られたら痛いよねということを想像するかしないかの問題でしかないんじゃないかなぁ。

僕は地方回り芝居をやっている方に話も伺っていて、「今回、僕は舞台で、最後のクライマックスで百人斬りをやりました」と。「ああ、よろしいんじゃないですか」とは言いました。だけど、それは見たくもない。

百人斬りは型をやるだけでも大変。演劇としてやるからには、同じようにやっていたら観客が飽きるわけだから。極端な言い方をすると、百人を斬るなら百通りの斬り方をして見せろということですよ。

僕はそのように考えて、殺陣を組み立てています。それだけのことです。

**春日**　先ほどおっしゃった「刀の重み」という話ですが、実写のほうでも、竹光を使って、それをいかに重く見せるかという技術があるし、一方で、実際に重いジュラルミンの模造刀を使って表現する場合もある。

アニメになると完全に絵なわけですが、絵で表現するときに、刀の重さというのは――

**富野**　関係ないです。そんなことやっている暇がない。それから、そういうものを描く意味がないんです。もともとアニメの絵というのは軽い絵だし、基本的に記号でしかないので、ディテールにこだわりません。こだわっちゃいけないんですよ。

では、ディテールにこだわらないところでチャンバラをするとき、リアリズムを感じさせるにはどうするかというと、結局、劇展開でしかないんです。その展開の中で、刀を構え、刃を交え刀を収める。その緩急のリズムをつけていくのを、殺陣の型でやるんじゃなくて、劇展開の感情の起伏で見せるということでしか、できないんですよ。基本的に、物語がそういう対決シーンにいくよねというのが見えない限り、何をやっても面白くもおかしくもない。それだけのことです。

## 技ではなく劇の構成

**春日**　そうした中で、殺陣の迫力の出し方はどう考えていますか？

**富野**　一番わかりやすいのが、タイガーマスク。技をかけるときにその名前をわざわざ叫んでいます。よく考えたら「いや、ここからここまで下りてくるのに一秒かからないぞ」と思うんだけど、そうでもしない限り、大技を見せられない。

ということは、大技のシステムというものを、基本的にみんな考えているわけじゃないし、考えられないから、言葉で語って「このイケメンのヒーローが叫んでいれば、それは素晴らしい技だろう」と思わせているだけなんです。劇の構造としてそれを見せて納得させるという方法を取っています。

それは、アニメが手に入れた劇構成論です。だから、本当は「相手には見えない技で錯乱させる」というのも使いたいけれども、「それをやったら見てる人がわからなくなるから、やめましょう」と言われたときに「もっともだ」と思ったわけです。

逆に言うと、もしそういうのを見せようと思ったら、「こういうふうにやるから見えなくなるんだよ」「相手の死角に絶えず入り込んでいて、仕掛けていくんだよ」ということを、きちんと劇のうえで説明ができたら──しかもそれを「ここでやったら絶対に効くよね」というところでパターンと相手を倒したら──すごいかもしれない。そういう構成はありますだけど、それは技の構成ではなくて、劇の構成なんです。

だから、話の構成やキャラクター設定がいい加減だったら、刀の持ち方だけで重さを表現なんかできないんだよね。それは切ないことだから、やめたほうがいい。

むしろ、そういうことを、映画の監督と言われている人が基本的にわかっていて、そういうことを思わせる何かを芝居として殺陣師が付け加えてあげなければいけないんだと思います。

その辺りで、晩年の黒澤の映画を見ると、そういうボロが見えてきてしまう。全部を自分が仕切ると、こんなつまらない映画になるんだよというのが、カラーになってからの黒澤作品という見方もできます。

**春日**　たしかに『用心棒』の頃の現場の話を伺っていると、黒澤さんはいろいろな人たちからアイデアを求めて、どれを採用するかというやり方だったようですが、晩年になってくると、全部自分でコントロールするようになってきたようです。

**富野**　コントロールできると思っちゃった。それは、周りが「巨匠、巨匠」と持ち上げれば、黒澤レベルの人でも舞い上がりますよ。

## チャンバラは距離が近い

**春日**　根本的な話になるのですが、ガンダムであり『ザンボット3』であり、富野監督の作品は刀などを使ったアクションが多い印象があります。それはなぜなのでしょうか。

**富野**　ものすごく簡単なことは、身体性の表現でしかないからということです。

もう一つ重要なことは、ガンダムで、否応《いやおう》なくスポンサーに「戦闘シーンを作れ」と言われたから、必要以上に戦闘シーンが多い作品になってしまっています。

僕なんかの時代は、西部劇がそれなりにあって、ピストルを撃つ、ライフルを撃つというのは当たり前のことだったので、ガンダムの世界で、ああいうようなものを撃つのが戦闘行為だと思ったから、演出するコンテで、そういうものを飽きずにやっていたけれども、あるときから、できなくなってしまった。「いつも同じことをやっているんじゃないか。演劇として、これはあの《百人斬り》以下だろう」と。

**春日**　なるほど。

**富野**　実を言うと、ライフル戦、ビーム戦というものは、演劇的に意味がないんです。一度やったらもういい。そのあとどうするかといったときに、チャンバラしかない。

チャンバラで一番重要なのは、戦うときに相手の顔が見える距離になること。だから劇が成立する。罵《のの》り合いかもしれないし、「実は愛しているよ」というのかもしれない。それがないと、劇というのは成立しないいんですよ。描けない。

だから、初めはスポンサーから「戦闘シーンを多くしろ」ということで、チャンバラもやらないといけないしと思ったけれども、そのことに気がついたときから、スポンサーは関係ないんです。劇を成立させるためには、手の届くところに相手がいない限り、何を叫ぼうが、何をしようが、世界の中心にならないわけです。

**春日**　なるほど、たしかにそうですね。アムロとシャア、ランバ・ラル、ララァ、いずれもチャンバラによる近い距離での戦闘だからこその心のやりとりを描くことができています。

**富野**　だから、殺陣をメインにして演劇を考えると、そういうところに辿《たど》り着くわけです。

**春日**　そうですね。

**富野**　そういうことをガンダムで教えられてきたので、四十何年経っても、最新作でも、自分が作ったものを見ると、戦闘シーンが多いことに辟易《へきえき》します。

**春日**　そうした中で、いろいろなバリエーションも含めて、演出のアイデアを考えられているわけですね。

**富野**　もちろん、そうです。

## 下段の構えの有利性

**春日**　『逆襲のシャア』のときに、νガンダム《ニュー》が最後の決戦でビーム・サーベルを下段に構えて、その体勢のまま後ろに下がっていきます。この動きは監督の描かれた絵コンテでもかなり細かく描かれていますが、僕はあのシーンに衝撃を受けました。つまり、これは人間には絶対できない動きで、アニメだからできるわけですが、一方で、構え自体はとても人間的な身体性がある。この融合は見事だなと。

**富野**　メカを使いながら、なおかつ身体性をわからせる。それを喚起するようなポーズはないかというときに、もうみんながやっている構えをやってもダメだということで、まだ下段があったということに気がついて、その下段を使って身体ではできない動きをさせてやろうと思いました。決闘して刀を構えるときに、鉄則として刃先がどっちを向いているか相手に見せちゃいけないんです。相手に防御の準備をさせてしまうからです。

下段は構えを小さく見せられる。そのうえで攻勢に出るというようなプロットは、まさに劇的なプロットとして正しいのだから、これはやれると思ったということは事実です。

**春日**　時代劇の映像表現としての歴史を追っていくと、黒澤明以降は実写では新しい殺陣の表現方法がなかなか生まれていないと言われています。が、実写だけでなくアニメを含めて俯瞰《ふかん》してみると、実はガンダムで富野監督が新しい試みをしてきたように思います。

先ほどの下段もそうですし、例えば、エルメスとの宇宙空間の三六〇度を使った殺陣であったり、Ｆ91における、「質量を持った残像」という、まさに分身の術を科学的に扱った戦いであったり。ああいう立ち回りはアニメだからこそ表現できるわけですが、その一方で、これまでの時代劇での殺陣も踏襲している部分もあり、殺陣表現の歴史として確実に新しいものを生み出したのではないでしょうか。

**富野**　うん、そうですよ。いまの下段のことでも言えるように、何となくはやっていません。ただ、映画史、殺陣の歴史として意識というのは、したことはありません。

**春日**　ガンダムが背中から刀を出すのは、佐々木小次郎《ささきこじろう》——

**富野**　そうです。もちろんです。

**春日**　そのうえで二刀流というのは、小次郎プラス武蔵《むさし》という——

**富野**　そんなのは、勝手にどうとでも考えてください。どうでもいいです（笑）。

## ゲーム動画は安手の記号論でしかない

**春日**　富野作品での殺陣が他のアニメ監督の演出したものより迫力があり、しかもカッコよくなっている背景がよくわかってきました。実写で時代劇を撮っている監督たちに、肝に銘じてほしい演出論に思います。

**富野**　一つだけ、映画監督と言われている人たちに気をつけていただきたいことがあるのは、『るろうに剣心』なんですよ。あそこまでものを考えずに画像オンリーで作るというのは、ちょっと映画をなめていないかという気がします。

それを、「いや、動画だから自由に何でもできるようになったから、いいじゃないですか」ということが、面白さに繋がるのだろうかと思ったときに——劇というのはゲームじゃないんですよ。『るろうに剣心』は、僕にとってはゲームの中のワンシーンにしか見えなくて、映画でも何でもない。そういう部分は、そろそろ識別する能力を、ゲーム世代の監督に持っていただきたいと思います。

**春日**　『るろうに剣心』はスピード重視ということで、ラバーで軽くて軟らかい刀身を作って、実際に相手に当ててやっている。そうなってくると、ただのチャンバラごっこであって演出ではなくなっていると思います。

**富野**　ゲームの中での戦闘シーンの再現でしかない。今度はゲームの動画の問題があって、ゲームの動画というのは、ものすごく安手の記号論でしかないのに、それを映画に引き写すことに意味があると思っているクリエーターがいるというところに、かなり大きな問題があります。

それは、『るろうに剣心』だけじゃなくて、『トランスフォーマー』みたいなロボットものもそうで、ああまで好き勝手に動いていて、楽しいのかと。あれは要するに、ＣＧの仕事しかできない人たちに対して職場を与えているだけであって、映画を作っていることにはなっていないと思えます。

この問題は、実は、スピルバーグにも聞きたいところです。ただ、スピルバーグという人は経営者だから、スタッフを食わせるために、ＣＧの映画を作ったんです。

これはかなり切実で、良いのか悪いのかという問題はあります。

**春日**　そうした問題提起の部分も含めて、非常に納得できる話を伺えました。なぜ、ガンダムの殺陣に自分がここまで惹《ひ》かれたのか、よく理解できたように思います。

**富野**　ほんとにご迷惑をおかけしました。

# おわりに

世代的な断絶が起きて若いファンがほとんどいなくなってしまった時代劇を、どうすれば再び盛り上げることができるか。「時代劇研究家」として世間で時代劇の話をさせていただく際、そのことを第一に考えて活動してきました。そのために、時代劇を知らない人でも分かりやすい言葉で話すことで、時代劇の楽しさをカジュアルに伝える。といって表面的な笑いの種にはせず、魅力と製作背景について真摯《しんし》に語る。それが私の基本スタンスです。

本書はそうした「時代劇普及活動」の集大成的な位置づけで企画しました。時代劇にあまり、あるいは全く馴染《なじ》みのない人。時代劇を食わず嫌いしている人。そうした人たちが時代劇に入っていきたくなる、そして入ろうとした時の道しるべになる、そんな一冊になるといいなと思って書いています。

そのための「とりあえず必要なこと」は全て入れたつもりでおります。

ただ、こうした入門書的な本を書くのは初めてというのもあり、書いている最中はプレッシャーが、書き終えた今は不安感が、全身を覆っています。知識の過不足のバランスは、これでいいのか。この本を読むことで、時代劇から遠ざかってしまう読者は出たりしないのか。そんなことばかり考えています。

でも、今これを書かなければ取り返しのつかないことになる。その使命感だけで突っ走りました。その想いだけでも受け止めてもらえたら、嬉《うれ》しいです。

最初に企画を考えてから、約二年のプロジェクトとなりました。

その間、KADOKAWAの編集担当・麻田江里子さんの温かい励ましには本当に助けられました。それから、本書の基になった講座の場を設けてくださった経堂「さばのゆ」の須田泰成さん、私の活動に理解を示しご協力くださったライムスター・宇多丸さんをはじめとするTBSラジオ「アフター6ジャンクション」のスタッフ・出演者の皆様、お忙しいところお時間をいただいた富野由悠季監督と監督への橋渡しをしていただいた藤津亮太さん、そしていつもさまざまな知見を与えてくださる時代劇関係者の皆様。そうした方々のお力添えにより、なんとか一冊の本にまとめることができました。心より、御礼申し上げます。

時代劇は面白い。それが当たり前のこととして受け止められる日が、再び来ることを信じつつ――。

二〇二〇年二月

《主要参考文献》

田中純一郎『日本映画発達史Ⅰ～Ⅴ』中公文庫、一九七五～七六年
永田哲朗『殺陣　チャンバラ映画史』現代教養文庫、一九九三年
佐藤忠男・吉田智恵男『チャンバラ映画史』芳賀書店、一九七二年
能村庸一『実録テレビ時代劇史』東京新聞出版局、一九九九年
伊藤大輔・加藤泰『時代劇映画の詩と真実』キネマ旬報社、一九七六年
大原誠『NHK大河ドラマの歳月』日本放送出版協会、一九八五年
『日本映画・テレビ監督全集』キネマ旬報社、一九八八年

索引

【さ】



【た】

**春日太一（かすが・たいち）**
1977年、東京都生まれ。映画史・時代劇研究家。日本大学大学院博士後期課程修了。著書に『天才 勝新太郎』（文春新書）、『時代劇は死なず！ 完全版 京都太秦の「職人」たち』（河出文庫）、『あかんやつら 東映京都撮影所血風録』（文春文庫）、『すべての道は役者に通ず』（小学館）など多数。

# 時代劇入門《じだいげきにゅうもん》

春日太一《かすがたいち》

2020年 3月10日 初版発行
2024年 11月15日 5版発行

◆◇◇

発行者 山下直久
発 行 株式会社KADOKAWA
〒102-8177 東京都千代田区富士見2-13-3
電話 0570-002-301（ナビダイヤル）
装丁者 緒方修一（ラーフイン・ワークショップ）
ロゴデザイン good design company
オビデザイン Zapp! 白金正之
印刷所 株式会社KADOKAWA
製本所 株式会社KADOKAWA

角川新書

ISBN978-4-04-082263-1 C0274